Philipp · Multiprofessionelle Teamentwicklung

Elmar Philipp

Multiprofessionelle Teamentwicklung

Erfolgsfaktoren für die Zusammenarbeit in der Schule

Dr. *Elmar Philipp*, Dipl.-Päd., ist seit 20 Jahren als freiberuflicher Berater, Fachbuchautor, Fortbildner und Trainer bundesweit tätig. Arbeitsschwerpunkte: Change Management, Schul- und Teamentwicklung.

Kontaktdaten: info@elmarphilipp.de; 0049/174/173 8606

Dieses Buch ist auch als E-Book erhältlich (978-3-407-29378-7).

Die Kopiervorlagen dieses Bandes stehen für Vervielfältigungen im Rahmen von Veranstaltungen in Schulen, Seminaren und in der Lehrerfortbildung zur Verfügung. Die Weitergabe der Vorlagen oder Kopien in Gruppenstärke an Dritte und die gewerbliche Nutzung sind untersagt.

Das Werk und seine Teile sind urheberrechtlich geschützt.
Jede Nutzung in anderen als den gesetzlich zugelassenen Fällen bedarf der vorherigen schriftlichen Einwilligung des Verlages.
Hinweis zu § 52a UrhG: Weder das Werk noch seine Teile dürfen ohne eine solche Einwilligung eingescannt und in ein Netzwerk eingestellt werden. Dies gilt auch für Intranets von Schulen und sonstigen Bildungseinrichtungen.

Lektorat: Dr. Erik Zyber

© 2014 Beltz Verlag · Weinheim und Basel
www.beltz.de
Satz und Herstellung: Lore Amann
Druck: Beltz Bad Langensalza GmbH, Bad Langensalza
Umschlaggestaltung: Sarah Veith
Umschlagabbildung: iStock
Printed in Germany

ISBN 978-3-407-62926-5

Inhalt

Vorwort 9

1. **Die Herausforderung: Zusammenarbeit in multiprofessionellen Teams** 10

   Ein gemeinsames Leitbild als »gehobener Hausverstand« 11
   Einige notwendige Begriffsklärungen: Kooperation, Gruppe, Team 11
   Teambildung, Teamentwicklung, Teamarbeit 13
   Vier Begründungen für Teamentwicklung 14
       Menschen sind auf Kooperation angelegt (»social brain«) 15
       Es gab und gibt Kooperationsnotwendigkeiten 15
       Die Schule von heute erfordert professionelle Lerngemeinschaften
       (oder: »Communities of Practice«) 16
       Die Teamarbeit der Lehrkräfte hat Vorbildcharakter für Schülerinnen
       und Schüler 16
   Mögliche Ziele der Teamentwicklung 17

2. **Von der Teamentwicklung zur Teamkultur** 19

   Die persönliche Bereitschaft zur Teamarbeit 19
   Wahrnehmung von Sinn und Notwendigkeit 19
   Wahrnehmung des persönlichen Nutzens 20
   Vertrauen als Kernressource von Teams 20
   Zusammensetzung und Rollen in erfolgreichen Teams 22
   Das Modell der neun Teamrollen (Belbin) 23
   Schulkultur: Entwicklung einer Teamkultur 27
   Die Rolle der Schulleitung bei der Teamentwicklung: Unterstützungs-
   strukturen schaffen und Teamfähigkeit vorleben 28
   Die Steuergruppe als besonderes Team: Sie steuert – und irritiert 29
   Die Steuergruppe als Störgruppe!? 30
   Kompetenzen für Steuergruppenmitglieder 31
       Checkliste: Fragen, um ein Informationskonzept zu erarbeiten 33
       Die eigene Arbeit evaluieren 33
       Übung: Eine Steuergruppe definiert sich 34
       Übung: Steuergruppen-Bilanzierung 34
   Coaching – Angebote für Steuergruppen 36

3. Modelle der Teamentwicklung 37

Theorie der Gruppenreflexivität – Aufgaben- und Beziehungsorientierung 37
Theorie der Gruppenreflexivität als Methode: Ein Koordinatensystem
zur Bestandsaufnahme 40
Das Team-Dreieck: Drei Kraftquellen einer Gruppe 41
Empirische Erfolgsfaktoren der Teamentwicklung: Gruppen-Genius gekonnt
umsetzen 42
Der Gruppenvorteil: »Ich bin gut, wir sind besser« 43
Der Gruppennachteil: Statt »Dreamteam« ein »Albtraumteam« 44
Zwölf Erfolgsfaktoren 45

4. Kommunikation im Team 48

Vom »Runterladen« zum »schöpferischen Zuhören« 48
Checkliste: Sieben Grundsätze zur Bildung eines kreativen Kernteams 51
Feedback in der Gruppe: Von der persönlichen Rückmeldung zum
Team-Feedback 51
    Das individuelle Feedback: Forschungsergebnisse und Regeln 52
    Voraussetzungen für die Offenheit gegenüber einer Rückmeldung 53
    Kriterien eines guten, lernwirksamen Feedbacks 54
    Das Team-Feedback 54
    Der Teamdiagnose-Bogen: Dimensionen und Ansatzpunkte der
    Teamentwicklung 55

5. Unterrichtsentwicklung und Fortbildung im Team 58

Der Ansatz der »Change Leadership Group« (Harvard):
Unterrichtsentwicklung im Team 58
    Dualer Fokus: Äußere und innere Aufmerksamkeit verbinden 58
    Die persönliche Seite von Veränderungsprozessen 59
    Die organisatorische Seite von Veränderungsprozessen 59
    Übung 1: Reaktive Orientierung vs. Zielorientierung und Fokussierung 60
    Übung 2: Dienst nach Vorschrift vs. Engagement 61
    Übung 3: Isolation und Einzelkämpfertum vs. Zusammenarbeit und
    Teamentwicklung 61
    Bestandsaufnahme mit dem 4-K-Werkzeug 62
Ein Pädagogischer Tag zum Thema »Teamentwicklung« 64
Fortbildung als Großgruppenmoderation: Das World-Café 67
World-Café und multiprofessionelle Kooperation: Das ganze System in
einem Raum als Ort der »Weisheit der Vielen« 69

Inhaltliche Varianten des World-Cafés: Fragen zur Belastungssituation, zur Einführung des Ganztages und zur Inklusion 70

6. Methoden der Teamentwicklung 72

Methoden des Einstiegs 72
    Teamklausur 72
    Leitfaden: Teamarbeit starten 73
    Übung: Erfahrungen in Herkunftsgruppen 73
    Übung: Spielregeln für erfolgreiche Kommunikation 74
    Übung: Traumteam-Erfahrung 75
    Übung »Teamwappen«: Meine Erfahrungen mit Teamarbeit 75
    Übung: Einstieg in eine Teamentwicklungswerkstatt 76
Methoden der Bestandsaufnahme 77
    Koordinatensystem: »Was sind wir für ein Team?« 78
    Checkliste: Zwölf Erfolgsfaktoren 79
    Leitfaden Team-Arbeits-Prozess 80
    Übung: Vielfältige Perspektiven in multiprofessionellen Teams 81
    Übung: Rollen in einer Schiffsmannschaft 83
    Fragebogen: Problemlösungsinventar für Teams 85
    Fragebogen zum Teamstatus 86
    Übung: Arbeit mit den drei Kraftquellen (»Team-Dreieck«) 87
    Strukturierungshilfe und Aktivitätenkatalog 88
Methoden der Prozessauswertung 90
    Besprechungsblitzlicht 90
    Sitzungs- und Tagesauswertung 91
    Übung: Blitzlichtsymbole 92

Schlusswort 93

Literatur 95

Anhang 99
Befragung des Kollegiums über die Arbeit der Steuergruppe

Die einzige Regel, die dieses todernste Spiel beenden könnte, ist nicht selbst eine seiner Regeln. Für sie gibt es verschiedene Namen, die an sich ein und dasselbe bedeuten: Fairness, Vertrauen, Toleranz.

Paul Watzlawick

Die Erlebnisse eines genialen Teams erscheinen immer wie in Technicolor gefilmt – und das Leben danach so trüb wie ein Schwarzweißfilm.

Warren Bennis

Vorwort

In einer aktuellen Sammelrezension von Büchern zum Thema »Lehrerkooperation« heißt es: »Lehrerkooperation gilt als zentrale Bedingung für gelingende Prozesse der Schul- und Unterrichtsentwicklung, als Kernmerkmal moderner Lehrerprofessionalität und als mögliche Quelle beruflicher Entlastung« (Hinzke 2014, S. 52). Dass die Kooperationsanforderungen in Schulen künftig weit über die Zusammenarbeit von Lehrkräften hinausgehen, zeigt beispielhaft die folgende Formulierung zu einer Nachqualifizierung für das »Lehramt für sonderpädagogische Förderung« (2013–2018) in Nordrhein-Westfalen: Darin heißt es, wesentlich seien »Kompetenzen in der multiprofessionellen Teamarbeit in inklusiven Lernsettings«. Davon handelt dieses Buch.

Der Beziehungsaspekt ist für Hattie (2009, S. 243 ff.) einer von drei zentralen Faktoren für erfolgreichen Unterricht. Darunter versteht er berufsbezogene Auffassungen und Haltungen von Lehrkräften, die mit den Stichworten Empathie, Respekt, Wertschätzung und Ermutigung umschrieben werden können. Vertrauen und Wertschätzung können dabei geradezu als säkulare Trends bezeichnet werden: Ob Studien zum »Change Management«, zur neurobiologischen Hirnforschung oder eben zur Unterrichtsforschung – Vertrauen und Wertschätzung sind die wichtigsten »weichen« Erfolgsfaktoren. In der Zusammenfassung der großen amerikanischen Studie zum »Change Leadership« in der Unterrichtsentwicklung schreiben die Harvard-Professoren Wagner und Kegan (2006, S. 142; eigene Übersetzung): »Vertrauen und Wertschätzung sind notwendige Voraussetzungen für eine erfolgreiche gemeinsame Arbeit sowohl auf der Ebene der Einzelschule als auch auf der des Distrikts.« Diese Themen sind der rote Faden dieses Buches.

Ich verstehe diese Veröffentlichung als eine Weiterentwicklung der Teamentwicklung. In diesem Sinn kann man sie auch als meinen zweiten Band zu dieser Thematik betrachten. Mein Dank gilt Peter-Michael Auth, Ingried Hajou, Volker Imschweiler, Susanne Kienle, Ruben Philipp, Marianne Reichhart-Plank, Gudrun Schick und Sabine Tischbein.

Lohmar, den 18. Mai 2014   *Elmar Philipp*

1. Die Herausforderung: Zusammenarbeit in multiprofessionellen Teams

Individuelle Förderung, heterogene Lerngruppen, Ganztagsschule, Inklusion – schon diese vier Stichworte zeigen, vor welchen Aufgaben Schulen heute und künftig stehen. Relativ klar dürfte sein: Ohne gelingende Teamarbeit wird es in diesen exemplarisch genannten Aufgabenfeldern keine Erfolge geben. An die multiprofessionelle Teamarbeit stellen diese Aufgaben besonders hohe Anforderungen: Kooperation über die eigenen Fachgrenzen hinaus bedeutet, dass zunächst unterschiedliche mentale Modelle, methodische Herangehensweisen und spezifische Sprachmuster aufeinanderstoßen.

Welche Kooperationspartner kommen überhaupt infrage – auch und gerade bei den eben genannten Themenfeldern? Je nach Vorhaben sind die folgenden Berufsgruppen in Schulen betroffen:

- Lehrerinnen und Lehrer
- Erzieherinnen und Erzieher (im Offenen Ganztag)
- Sonderpädagoginnen und Sonderpädagogen
- Sozialpädagoginnen und Sozialpädagogen
- Sozialarbeiterinnen und Sozialarbeiter
- Integrationshelferinnen und -helfer
- Psychologinnen und Psychologen
- Lerntherapeutinnen und Lerntherapeuten
- Physiotherapeutinnen und Physiotherapeuten

Ist gute Zusammenarbeit zwischen den Lehrkräften einer Schule schon alles andere als ein Selbstläufer, so stellt die Kooperation mit den anderen genannten Berufen – auch wenn die Mehrzahl von ihnen aus der großen weiten Welt der Pädagogik stammt – noch höhere Anforderungen an alle Beteiligten. Das anspruchsvolle Programm lautet nämlich: »Respekt vor den benachbarten Fächern muss sich einstellen, obwohl diese umso eher als Konkurrenten erlebt werden, je näher sie beieinanderliegen« (Buchinger/Schober 2006, S. 67).

Zwar wird auch in der aktuellen Schulentwicklungsforschung die Notwendigkeit gesehen, die »jeweilige Expertise aufeinander zu beziehen« (Fussangel 2013, S. 35). Es wird aber auch selbstkritisch festgestellt, dass »die Forschung zur interprofessionellen Kooperation im deutschsprachigen Raum noch am Anfang« stehe (ebd.).

Die Fachkenntnisse der Lehrkräfte und der Kooperationspartner allein genügen nicht mehr. Es muss das im Kooperationsprozess gemeinsam entwickelte Wissen um die Notwendigkeit der Zusammenarbeit geben. Darüber hinaus braucht diese Kooperation entsprechende Kompetenzen der Kooperationspartner. Ein Ziel der multiprofessionellen Zusammenarbeit liegt in der Entwicklung eines »gehobenen Hausverstandes« von Teamarbeit, wie die schöne Formulierung von Kurt Buchinger und Herbert Schober lautet (Buchinger/Schober 2006, S. 67). Damit sind wir bei der ersten Möglichkeit, die gemeinsame Teamentwicklung zu fördern.

Ein gemeinsames Leitbild als »gehobener Hausverstand«

Sowohl vom Ergebnis her als auch im Prozess der Erarbeitung (beispielsweise an einem Pädagogischen Tag, womit der Autor sehr gute Erfahrungen hat) ist die kooperative Entwicklung eines Leitbildes – also die systematische Entwicklung und Bewusstmachung des »gehobenen Hausverstandes« – ein wichtiger Beitrag zur professionellen Zusammenarbeit in Schulen. Ein gemeinsam entwickeltes Leitbild ermöglicht die Orientierung in und die Identifikation mit der jeweiligen Einrichtung – zwei Aspekte, die gerade auch für die Zusammenarbeit der verschiedenen Berufsgruppen in einer Schule sehr wichtig sind.

> Aktive Teamentwicklung setzt darauf, sich mit den in der multiprofessionellen Gruppe vorfindlichen kulturellen Mustern auseinanderzusetzen und daraus eine neue gemeinsame Teamkultur zu entwickeln – womit ein nicht geringer Anspruch an das einzelne Teammitglied formuliert wird.

Einige notwendige Begriffsklärungen: Kooperation, Gruppe, Team

Some groups are more groupy than others.

B. A. Nijstad

Ein Team ist »eine Mehrzahl von Personen in direkter Interaktion über eine längere Zeitspanne bei Rollendifferenzierung und gemeinsamen Normen, verbunden durch ein Wir-Gefühl« (Rosenstiel 1992, S. 261). Zu fragen wäre, an welchen Stellen dieses Wir-Gefühl, das letztendlich den Teamgeist einer Gruppe bezeichnet, in Schulen entsteht. In den Grundschulen dürften die Jahrgangsteams das Wir-Gefühl prägen, in den Berufsschulen oder Berufskollegs bezieht sich das »Wir« sicherlich auf die Bildungsgänge und Abteilungen.

»Wir verstehen unter Team jede Gruppe von Personen, die einander brauchen, um ein Ergebnis zu erzielen« (Senge u. a. 1996, S. 409). Die spannende Frage lautet: In welchen Bereichen brauchen Lehrkräfte einander, um ein gutes Ergebnis zu erzielen? Für altgediente Einzelkämpfer dürfte die Antwort ziemlich klar sein: Macht ihr Teamentwicklung, aber lasst mich in Ruhe meinen Unterricht machen. Demgegenüber lautet die Botschaft so ziemlich aller Studien zur schulischen Unterrichts- und Qualitätsentwicklung – hier in einer neueren Zusammenfassung der Bertelsmann Stiftung (2013, S. 1): »Die Voraussetzung dafür, dass sich für Schüler merklich etwas ändert, ist, dass die Lehrkräfte gemeinsam in Teams etwas bewegen.«

Jede Leserin und jeder Leser kennt die Redewendung »Von der Gruppe zum Team«, die die Überlegenheit des Teamgedankens ausdrücken soll. Mit den Begriffen »Gruppe« und »Team« werden also im allgemeinen unterschiedliche Konnotationen verbunden: »Während Gruppe eher im Sinne der organisatorischen Zugehörigkeit (...) verstanden wird, schwingt bei Team eine Vorstellung hoher Kohäsion und guter Kooperation mit« (Antoni 2000, S. 20). Diese Annahme steht auch hinter dem Wortspiel, dass nicht jede Gruppe ein Team sei, aber sehr wohl jedes Team eine Gruppe.

Im Unterschied dazu und zu dem eher landläufigen Sprachgebrauch benutze ich die Begriffe »Team« und »Gruppe« synonym – wie beispielsweise Simone Kauffeld mit der Mehrheit der Gruppenforscher, die die Fachdiskussion so zusammenfasst: »Eine scharfe Trennung zwischen Gruppe und Team (...) erscheint nicht möglich« (Kauffeld 2001, S. 15). Dies bedeutet, dass an vielen Stellen in diesem Buch –unter anderem bei Aufzählungen von Gruppenvorteilen oder Erfolgsfaktoren der Teamarbeit – die beiden Schlüsselbegriffe »Gruppe« und »Team« alternierend verwendet werden.

Sehr viel interessanter als diese Diskussion um Begriffe ist meines Erachtens die Unterscheidung zwischen unterschiedlichen Formen der Kooperation und Teamarbeit: »Man kann sehr wohl gelegentlich kooperieren, ohne Teil eines Teams zu sein« (Perrenoud 1997, S. 39). In diesem Sinne sind größere Schulen keine Teams, sondern – wenn alle Lehrkräfte zusammenkommen – Personalversammlungen oder Konferenzen.

Von Schulform zu Schulform existieren folgende Sorten von Teams in Kollegien:
- Klassenteam
- Jahrgangsteam
- Bildungsgang
- Fachschaften
- Steuergruppe
- Schulleitungsteam
- Projektgruppen
- Unterrichtsentwicklungsteams (Thematische Teams)

Der Begriff »Team« leitet sich aus dem Altenglischen »Téam« ab und bedeutete ursprünglich Nachkommenschaft, Familie oder auch Gespann. Dieses Gespann können beispielsweise vier Pferde sein, die gemeinsam einen Karren ziehen und sich dabei nicht behindern, sondern in die gleiche Richtung arbeiten – wie bei guter Teamarbeit eben.

Aus dem Mittelalter stammt die Regel, dass erst drei Menschen eine Gruppe ausmachen: »Tres faciunt collegium«. Auch wenn dies umgangssprachlich oftmals anders gehandhabt wird, sollten also Tandems oder Dyaden nicht als Teams betrachtet werden, unter anderem weil hier differenziertere Gruppenprozesse wie etwa die Bildung von Koalitionen oder Untergruppen nicht möglich sind. Abbildung 1 verdeutlicht diesen Unterschied zwischen Tandem und Team.

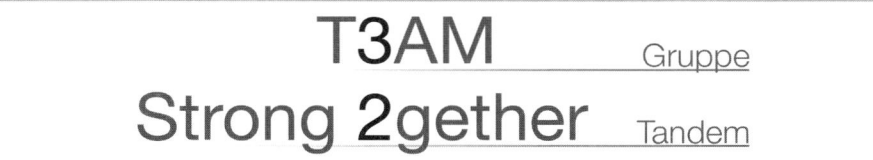

Abbildung 1: »Tres faciunt collegium«

Teambildung, Teamentwicklung, Teamarbeit

Die in diesem Band benutzten Begriffe können noch weiter ausdifferenziert werden.

Teambildung
Unter Teambildung werden der Aufbau und die Zusammensetzung (personell und organisatorisch) von Arbeitsgruppen verstanden. Teambildung und Teamentwicklung werden im deutschsprachigen Raum mitunter synonym benutzt, was meines Erachtens daran liegt, dass Teambildung im Englischen sowohl die Weiterentwicklung als auch den Aufbau von Gruppen meint. Teambildung bedeutet hier also den organisatorischen Aufbau von Gruppen, bei dem es um die optimale Passung zwischen den Einzelpersonen, der Gruppenzusammensetzung und der Gruppenaufgabe geht (siehe dazu Abbildung 2).

Teamentwicklung
Wie der Begriff nahelegt, geht es bei der Teamentwicklung um die Weiterentwicklung neu gebildeter oder bereits bestehender Arbeitsgruppen, mit dem Ziel, deren Leistungsfähigkeit und Qualität zu verbessern. Dabei kann auch die Unterstützung externer Moderatoren in Anspruch genommen werden (vgl. Stumpf/Thomas 2003).

Teamarbeit
Unter Teamarbeit – wiederum am Begriff orientiert – wird der Prozess des Arbeitens in Gruppen verstanden, der immer eine aufgabenbezogene und eine beziehungsorientierte Komponente enthält, was ich weiter unten differenzierter darstelle.

Je nach Aufgabenstellung oder Themen der Arbeitsgruppe unterscheiden sich Teambildung und Teamentwicklung: Die möglichst repräsentative Zusammenstellung (»Teambildung«) einer Steuergruppe unterscheidet sich von einem Jahrgangsteam, dessen Mitglieder ja gewissermaßen gesetzt sind. Dementsprechend benötigt ein Steuerungsteam andere Maßnahmen der Teamentwicklung bzw. Fortbildungen als die

Jahrgangsteams einer Grundschule: Während für die Steuergruppe Fortbildungen im Projekt- und Change Management wichtig sind, benötigen die Jahrgangsteams vielleicht eher Fortbildungen zum Thema Elterngespräche oder Übergang von der Kindertagesstätte in die Grundschule.

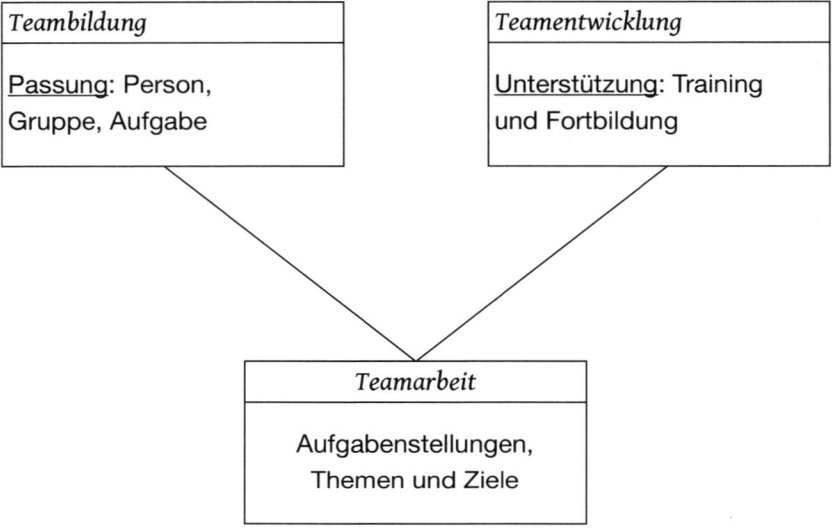

Abbildung 2: Teamarbeit als Ergebnis von Teambildung und Teamentwicklung

Vier Begründungen für Teamentwicklung

Niemand kann eine Sinfonie pfeifen, man braucht ein Orchester, um sie zu spielen.
H. E. Luccock

Obwohl die Notwendigkeit von Teamentwicklung für viele Lehrkräfte selbstverständlich anmutet, ist Teamarbeit für andere ein absolutes Tabuthema. Äußerst drastisch lässt Hilbert Meyer (allerdings bereits vor über 15 Jahren!) einen Hauptschullehrer zu Wort kommen: »Wenn hier Teams eingeführt werden, gibt's Krieg« (Meyer 1997, S. 188). Auch wenn heutige Teamskeptiker nicht mehr derart martialisch auftreten dürften, sollen die gegenwärtigen Kooperationsnotwendigkeiten mit vier Argumenten begründet werden:

Menschen sind auf Kooperation angelegt (»social brain«)

Erstens dürfte es auf der Hand liegen, dass der Mensch ein soziales Wesen ist, das auf Interaktion und Kommunikation angelegt ist. Oder: »Der Mensch ist das Tier, das ›Wir‹ sagt«, so das zutreffende Zitat des Entwicklungspsychologen Michael Tomasello (2009, S. 33). Diese »Wir-Intentionalität« beschreibt die menschliche Fähigkeit, »mit anderen zusammen an kooperativen Aktivitäten mit geteilten Zielen und gemeinsamen Absichten teilzunehmen« (ebd.). Die neuere Hirnforschung prägte für diesen Tatbestand den Begriff des »social brain« (paradoxerweise heißt einer der Urheber dieses Begriffs Thomas Insel!). Demnach konnte in Studien gezeigt werden, dass nichts die »Motivationssysteme so sehr prägt, (...) wie der Wunsch von anderen gesehen zu werden (...) und die Aussicht auf soziale Anerkennung« (Bauer 2006, S. 35). Diese hervorragende Bedeutung des Erlebens positiver Zuwendung bis hin zur Liebe bedeutet, dass »wir aus neurobiologischer Sicht auf soziale Resonanz und Kooperation angelegte Wesen« sind (ebd., S. 34).

> Interessant ist der Tatbestand, dass die Erkenntnisse der aktuellen Hirnforschung unseren »Altvorderen« Philosophen durchaus bekannt waren. In Martin Bubers Dialogpädagogik etwa lautet die Grundthese: »Im Anfang war die Beziehung« (Buber 1979, S. 23). Und das Zitat »Der Mensch wird am Du zum Ich« ist sicherlich vielen Leserinnen und Lesern bekannt. Erich Fromms »Die Kunst des Liebens« transportiert eine ähnliche Botschaft.

Es gab und gibt Kooperationsnotwendigkeiten

Das zweite Argument für die Notwendigkeit von Teamarbeit hat mit der Phylogenese des Menschen zu tun: Von unseren frühesten Vorfahren an stellen sich immer wieder Aufgaben, die nur gemeinsam bewältigt werden können (vgl. Comelli 2003, S. 170). Schon in der Frühgeschichte bildeten sich Gruppen heraus, die bestimmte Aufgaben in der Sippe übernahmen. Die Menschen taten sich zusammen, um ihre Fähigkeiten und Strategien etwa beim Beutejagen oder beim Ackerbau erfolgreich zu bündeln.

Insofern ergibt sich häufig ein Zwang zur Teamarbeit – unabhängig davon, ob einem Gruppenarbeit liegt oder nicht. Selbst in Berufen, in denen traditionell das geniale Individuum im Mittelpunkt steht, wie etwa bei Künstlern, gilt »Gemeinschaftsarbeit als eines der bestgehüteten Geheimnisse im Kreativbereich«, so John Briggs (zit. nach Bennis/Biederman 1998, S. 48). Künstlervereinigungen wie die »Brücke«, der »Blaue Reiter« oder das dreizehnköpfige Team um Michelangelo in der Sixtinischen Kapelle können diese Aussage gut belegen. Und selbst bei einer eher kooperationsunverdächtigen Berufsgruppe wie den Schriftstellern zeigen sich bestimmte Formen von »Gemeinschaftsarbeit«. Beispielsweise erwähnen so unterschiedliche Autoren wie T. C. Boyle oder Ian McEwan in ihren Danksagungen Personen, die ihnen bei der Recherche und Vorarbeit zu ihren Romanen geholfen haben.

Die Schule von heute erfordert professionelle Lerngemeinschaften (oder: »Communities of Practice«)

Zum Dritten ist die (auch schulische) Arbeitswelt in den letzten Jahren immer komplexer und anspruchsvoller geworden, sodass das Einzelkämpfertum zunehmend ausgedient hat. Der Verdichtung der Aufgaben im Schulfeld in den letzten Jahren – wie beispielsweise Förderpläne, Parallel- und Vergleichsarbeiten oder Zentralabitur – wird man nicht mit dem mentalen Modell des Einzelkämpfers gerecht. Vielmehr sind hier »Professionelle Lerngemeinschaften«, wie sie beispielsweise Hans-Günter Rolff (2013) skizziert, »Communities of Practice for Teachers« oder auch »Critical Friends Groups« notwendig, wie sie Tony Wagner und Robert Kegan (2006, S. 75) von der Harvard »Change Leadership Group« beschrieben haben (dazu weiter unten mehr).

Die Teamarbeit der Lehrkräfte hat Vorbildcharakter für Schülerinnen und Schüler

Viertens kommt im Schulbereich eine weitere Begründung hinzu, die mit den angerissenen Veränderungen in der Arbeitswelt zusammenhängt: Wenn Schülerinnen und Schüler zur geforderten Teamfähigkeit erzogen werden sollen, kann dies nur gelingen, wenn es die Lehrerschaft durch eigene Teamarbeit vorlebt (Meyer 1997, S. 186). Dementsprechend lautet unter der Überschrift »Gemeinschaft bilden« eine Leitfrage in dem »Index für Inklusion« (Montag Stiftung 2012, S. 10): »Ist die Teamarbeit der Mitarbeiterinnen und Mitarbeiter ein Modell für die Kooperation der Schülerinnen und Schüler?«

Diesen Begründungen zum Trotz werden die Sinnhaftigkeit und Notwendigkeit von Teamarbeit regelmäßig und zum Teil reißerisch infrage gestellt – wie beispielsweise mit der Unterstellung der »Teamlüge« (vgl. diesem Vorwurf gegenüber in kritischer Absicht Sagebiel/Vanhoeder 2006, S. 20). So titelte das Wirtschaftsmagazin »Capital« in seiner Ausgabe vom 29. September 2005: »Teamarbeit: Ende eines Mythos«. Dieser Abgesang auf die Gruppenarbeit gipfelte in der abenteuerlichen Behauptung, Teamarbeit bedeute »die Unterwerfung der Begabten unter die Mittelmäßigen«. Selbst der renommierte Soziologe Richard Sennett äußert sich kritisch über Teamarbeit, wenn er sie als »Sphäre erniedrigender Oberflächlichkeit« kennzeichnet, »die menschliche Beziehungen als Farce« behandelt (Sennett 1998, S. 15). Eine sehr starke Behauptung, die er aber in keiner Weise empirisch belegt.

Als vermeintliche Alternative wird dann gern der geniale und durchsetzungsstarke Einzelkämpfer propagiert, als ob erfolgreiche Gruppen sich nicht gerade dadurch auszeichneten, selbstbewusste Spitzenkönner ihrer Disziplin zu einem »Traumteam« zusammenzuführen – wie unzählige Beispiele aus dem Sport, der Forschung oder der Musik zeigen. Bestes Beispiel sind für mich die Berliner Philharmoniker, die nicht nur viele Professoren für ihr Instrument in ihren Reihen haben, sondern darüber hinaus international bekannte Solisten wie Sabine Meyer (Klarinette) oder Emmanuel Pahud (Querflöte). Zusammengefasst: Erfolgreiche Teams werden immer von »erstklassigen Experten« gebildet (Bennis/Biederman 1998, S. 190). Oder mit dem Nestor der Theorie der lernenden Organisation, Peter Senge (1996, S. 287), zu sprechen: »Talentierte Teams bestehen aus talentierten Einzelpersonen.« Eine seriöse Diskussion würde sicherlich das Thema »Macht in Teams« verdienen. Bis auf Perrenoud (1997, S. 26 f.) gibt es dazu allerdings nur wenig brauchbare Literatur. Sehr überzeugend entgegnet Gerhard Comelli (2003, S. 170) den teamkritischen Stimmen: »Ohne Teamarbeit wäre die Nasa heute noch nicht auf dem Mond.«

Die bekannte kritische Lesart von »Team« = »Toll, ein anderer macht's« kann freilich nicht das Motto der Teamentwickler sein. Wir halten es da lieber mit den neuseeländischen Schulentwicklerinnen und Schulentwicklern, deren überzeugende Losung lautet: »Together everybody achieves more«! Abbildung 3 soll dies illustrieren:

Together
Everybody
Achieves
More

Abbildung 3: Team = »Gemeinsam erreicht jeder mehr«

Mögliche Ziele der Teamentwicklung

Der bereits zitierte Gruppenforscher Gerhard Comelli listet zehn mögliche Ziele von Teamentwicklungsmaßnahmen auf (Comelli 1995, zit. nach Kauffeld 2001, S. 33). Natürlich geht es auch etwas bescheidener: Das Hauptziel gelungener Teamentwicklung liegt ohne Zweifel darin, in einem neu zusammengestellten Team den Gruppenvorteil innerhalb eines überschaubaren Zeitrahmens umzusetzen, um gute Ergebnisse zu erzielen. Comelli arbeitet weitere Ziele von Maßnahmen der Teamentwicklung heraus, die in der folgenden Übersicht dargestellt werden:

- → Verbesserung des Verständnisses für die Rolle eines jeden Teammitgliedes innerhalb der Arbeitsgruppe
- → Verbesserung des Verständnisses für die Beschaffenheit (Charakter) des Teams und seine Rolle innerhalb der Gesamtorganisation
- → Verbesserung der Kommunikation zwischen den Teammitgliedern über alle Punkte, die die Effektivität der Gruppe angehen
- → Stärkung der gegenseitigen Unterstützung unter den Gruppenmitgliedern

> → klares Verständnis für die ablaufenden Gruppenprozesse, das heißt für jene gruppendynamischen Ereignisse, die in jedem Team ablaufen, in dem Menschen eng zusammenarbeiten Auffinden effektiver Wege, um die Probleme bzw. Themen in der Gruppe auf der Sach- und Beziehungsebene zu bewältigen
> → Entwicklung der Fähigkeit, Konflikte konstruktiv statt destruktiv zu nutzen
> → Verstärkung der Zusammenarbeit zwischen den Teammitgliedern und Abbau jenes Wettbewerbs, der auf Kosten der Qualität der Arbeit der Gruppe geht
> → Verbesserung der Fähigkeit des Teams, mit anderen Arbeitsgruppen innerhalb der Organisation zusammenzuarbeiten
> → Stärkung des Bewusstseins des wechselseitigen »Aufeinander-angewiesen-seins« innerhalb der Gruppe

Einerseits könnte man diese Aufzählung noch um weitere Punkte ergänzen; andererseits liegt damit schon ein sehr anspruchsvolles Programm vor, das sicherlich nicht von jeder schulischen Arbeitsgruppe durchlaufen werden kann. Wahrscheinlicher ist es, dass jedes Team *seine* speziellen Punkte herausfiltert, an denen es arbeiten will oder muss, um gute Resultate zu erzielen. Konkret formuliert: Je nach Gruppenaufgabe, Teamzusammensetzung und Schulgröße sind die einzelnen Punkte stärker oder eben weniger stark zu gewichten. Für eine Planungsgruppe zu einem »Tag der offenen Tür« an einer kleinen Grundschule dürften beispielsweise die Punkte 5 und 9 unerheblich sein, wohingegen diese Punkte von der Steuergruppe eines großen Gymnasiums schon beachtet werden sollten.

2. Von der Teamentwicklung zur Teamkultur

Eine Basisvoraussetzung für die Umsetzung des noch weiter unten zu diskutierenden Gruppenvorteils liegt sicherlich in der Bereitschaft der einzelnen Lehrkraft, sich aktiv und engagiert an der Teamarbeit zu beteiligen.

Die persönliche Bereitschaft zur Teamarbeit

Es gibt Leute, die schon im Sandkasten nicht mit den anderen spielen wollten.
Peter Schneider, Leiter Feature Animation bei Walt Disney

Vor dem Hintergrund des traditionellen Lehrerrollenmodells, dem Einzelkämpfertum (in seiner extremen Ausprägung: »Mein Unterricht gehört mir«), stellt sich die Frage, wie es gelingen kann, auch eingefleischte Gegner schulischer Teamarbeit von deren Vorzügen zu überzeugen.

Dabei kann auf eine viel beachtete Übersichtsstudie von Marit Gerkhardt und Dieter Frey (2006) zurückgegriffen werden, die sehr schön den aktuellen Stand (*state-of-the-art*) des Change Managements darstellt. Empirisch aus konkreten Veränderungsprojekten gewonnen, werden in dieser Studie persönliche Faktoren beschrieben, von denen sich einige ohne Zweifel gut auf die Bereitschaft übertragen lassen, sich an schulischen Teamaktivitäten zu beteiligen. Die folgenden drei psychologischen Hintergründe aus der genannten Untersuchung scheinen mir für die Motivation zur Teamarbeit entscheidend zu sein: Wahrnehmung von Sinn und Notwendigkeit, persönlicher Nutzen und Vertrauen.

Wahrnehmung von Sinn und Notwendigkeit

Menschen haben »eine Sehnsucht nach dem Warum und Wozu« (Gerkhardt/Frey 2006, S. 54). Die organisationspsychologische Forschung konnte nachweisen, dass »das Sinnerleben einen zentralen Einfluss auf (...) die Arbeitszufriedenheit, die Arbeitsmotivation und die Leistung von Mitarbeitern hat« (ebd., S. 55). Wenn es den »Machern« also gelingt, diese »Sehnsucht nach dem Warum und Wozu« zu befriedigen, indem die Sinnhaftigkeit und Notwendigkeit von Teamentwicklung gut nachvollziehbar sind, dürfte dies schon fast die halbe Miete sein.

Wahrnehmung des persönlichen Nutzens

Mindestens genauso wichtig wie die Sinnhaftigkeit der Teamarbeit dürfte es sein, dass die Betroffenen die zu erwartenden Vorteile für sich persönlich erkennen. Sehr banal wird danach gefragt, was »es mir bringt«, wenn ich an der Besprechung meines Jahrgangsteams oder des Unterrichtsentwicklungsteams teilnehme. Da dieser persönliche Nutzen mitunter nicht auf den ersten Blick erkennbar ist, empfiehlt sich hier seitens der Schulleitung oder der Steuergruppe eine angemessene Kommunikationsstrategie, um persönliche Chancen zu verdeutlichen.

Vertrauen als Kernressource von Teams

Wenn Menschen einander und in besonderer Weise den Leitungspersonen vertrauen, akzeptieren sie eher deren Ideen und Veränderungsvorschläge (vgl. Gerkhardt/Frey 2006, S. 57). Dies dürfte auch für die Einführung von Teamstrukturen und multiprofessionellen Arbeitsgruppen in Schulen gelten.

In ihrer Studie »Trust in Schools« über die erfolgreiche Schulreform in Chicago beschreiben Anthony Bryk und Barbara Schneider (2002), wie wichtig Vertrauen als Kernressource (»Core Ressource«) auch in schulischen Veränderungsprozessen ist. Dies bezieht sich sowohl auf die kollegiale Zusammenarbeit als auch auf den Unterricht. Sie konnten beispielsweise empirisch nachweisen, dass vertrauensvolle Beziehungen zwischen Lehrkräften und Schülern den stärksten Einfluss auf eine positive Leistungsentwicklung haben, was die Hattie-Studie eindrücklich bestätigt. Sehr differenziert arbeiten sie des Weiteren heraus, dass Vertrauen vier Elemente beinhaltet (Bryk/Schneider 2002, S. 87; eigene Übersetzung):

1. Wertschätzung: »Schätzt die Person mich?«
2. Integrität: »Steht die jeweilige Person für ihre propagierten Werte?«
3. Kompetenz: »Verfügt die Person über die notwendigen Fähigkeiten?«
4. Persönliche Rücksichtnahme: »Kümmert sich die Person um mich?«

Abbildung 4 verdeutlicht den Einfluss dieser vier Elemente auf die Vertrauensbildung.

Auch die Forschung zur Effektivität von Gruppen kommt zu dem Ergebnis, dass Vertrauen als wichtigste Kernressource für Teamentwicklung betrachtet werden kann: »Die grundlegende Voraussetzung für die gesteigerte Kooperations- und Teamfähigkeit ist (…) eine tragfähige Vertrauensbasis der Kooperationspartner« (Comelli 2003, S. 170). Amy Edmonson von der Harvard Business School hat in ihren Untersuchungen zur lernenden Organisation herausgefunden, dass der stärkste Vorhersagewert (»strongest predictor«) für Engagement und Commitment in einer Gruppe die psychologische Sicherheit bzw. das Vertrauen ist (Edmonson 2002, S. 135).

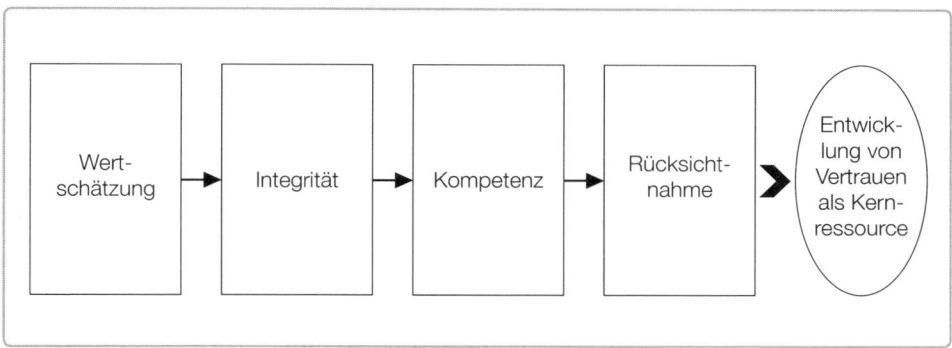

Abbildung 4: Entwicklung von Vertrauen als Kernressource

Darüber hinausgehend beschreibt Comelli (2003, S. 171) in einem Ablaufmodell die folgerichtige Sequenz von Zielen, die neben der Team- auch die Innovationsfähigkeit einer Organisation berücksichtigen (siehe Abbildung 5). Interessanterweise kommt auch die Führungsforschung mit dem Motto »Erfolg durch Vertrauen« (Nieder 1997) zu ähnlichen Ergebnissen wie die zitierten Gruppenforscher.

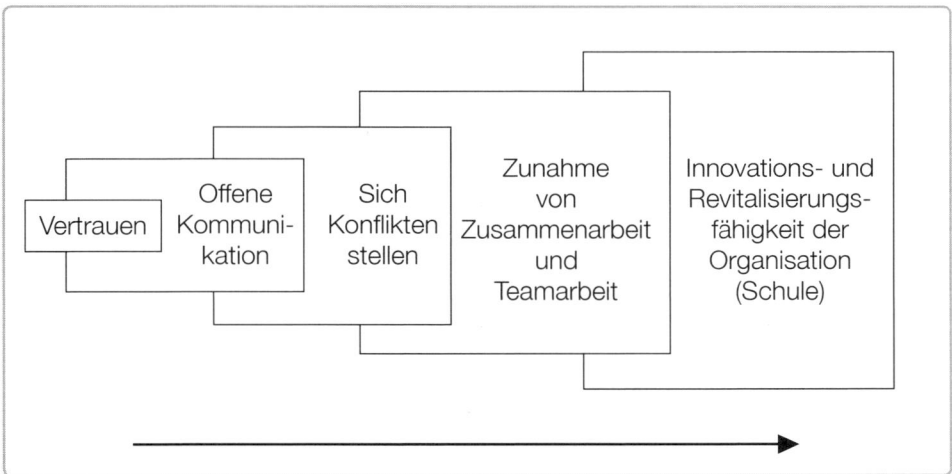

Abbildung 5: Vertrauen als Basis der Team- und Innovationsfähigkeit einer Organisation

Zusammensetzung und Rollen in erfolgreichen Teams

Ein Team von Rivalen

Buchtitel von Doris Kearns-Goodwin

In dem Buch »Ein Team von Rivalen« geht es um das Wahlkampfteam von Abraham Lincoln, dessen politisches Genie portraitiert wird, unter anderem weil er seinen Wahlkampfgegner William H. Seward später zu einem seiner Minister gemacht hat. Der Titel »Ein Team von Rivalen« beschreibt dabei zutreffend die Situation in zahlreichen Spitzenteams – ob es sich um eine Sportmannschaft, ein universitäres Forschungsteam, ein Management- oder Schulleitungsteam handelt. Die Mitglieder dieser Gruppen agieren häufig in dem Spannungsfeld zwischen Kooperationsnotwendigkeiten und Konkurrenz. Dieses Spannungsfeld so auszubalancieren, dass die Spitzenteams auch Spitzenergebnisse erzielen, ist keine leichte Leitungsaufgabe der jeweiligen Trainer, Forschungsteamleiterinnen oder Vorstandsvorsitzenden.

Erfolgreiche Gruppenarbeit setzt auf die gelungene Mischung sehr unterschiedlicher Menschen. Dabei ist zu beachten: »Unterschiede sind im Team eine Ressource. Einheit entsteht durch den Ausgleich der Unterschiede« (Buchinger/Schober 2006, S. 75). Allgemein gilt der empirische Grundsatz, dass heterogen zusammengesetzte Teams bessere Ergebnisse hervorbringen als homogene Gruppierungen. Dies trifft auch auf Entscheidungen zu, deren Qualität allerdings nur dann besser ist, wenn sie von Kooperation und Wertschätzung getragen sind (Tjosvold 1991, S. 49).

Äußerst interessant sind in diesem Zusammenhang die Ergebnisse einer Studie über die Effekte unterschiedlich zusammengesetzter Arbeitsgruppen der London Business School, an der insgesamt 60 Teams teilnahmen. In dieser Stichprobe gab es Gruppen, die nur aus Männern oder Frauen bestanden, aber auch gemischte Teams nahmen teil (Die Zeit, Ausgabe Nr. 31, 2009). In Bezug auf die Qualität der Arbeitsergebnisse dieser Gruppen kommt die Studienleiterin, Elisabeth Kelan, zu folgendem Schluss: »Im Vergleich zu rein männlichen und rein weiblichen Teams waren die gemischten deutlich besser. Am besten war es, wenn die Zahl von Männern und Frauen gleich groß war.« »Gender Diversity« ist also nicht nur ein modisches Management-Schlagwort, sondern ein überaus notwendiges, eben auch empirisch abgesichertes Anliegen.

Abbildung 6: Drei eigenwillige Teamrollen

Das Modell der neun Teamrollen (Belbin)

Don't get lost in the group.
aus einer Werbung für die amerikanische Akustikgitarre der Marke Taylor

Ein auch in meinen Trainings bewährtes Vorgehen, eine persönliche Rückmeldung zu geben und zu bekommen, liegt mit dem Modell der neun Teamrollen vor (»Belbin-Modell«; vgl. Kauffeld 2001, S. 81 ff.), das Wilfried Schley (1998) auf die Schule adaptiert hat. Belbin und sein Forschungsteam haben in den 1970er Jahren in Großbritannien durch teilnehmende Beobachtung erfolgreiche und weniger erfolgreiche Arbeitsgruppen untersucht. Das Hauptergebnis: In den erfolgreichen Teams waren insgesamt neun Rollen besetzt, die jeweils als ein Cluster bestimmter Charakteristika zu verstehen sind. Diese Rollencluster reichen von eher strategischen, visionären Elementen über moderative Teamrollen bis hin zu eher »dienenden«, auf Ergebnisorientierung und Umsetzung angelegte Rollen. Dieses empirisch gewonnene Modell, das in der Psychologenzunft durchaus kontrovers diskutiert wird (vgl. Kauffeld 2001, S. 87 f.), ist meines Erachtens eine gute Basis, um den Teammitgliedern erstens die Möglichkeit einer Selbsteinschätzung und zweitens die einer Fremdeinschätzung als Rückkopplung zu geben.

> Das wichtigste Ergebnis dieses Feedbacks im Team liegt in der Prüfung, ob die neun Rollen auch alle in der Arbeitsgruppe vorhanden sind. Fehlen bestimmte Rollenbesetzungen, so ist zu fragen, wer diese Rollen am besten mit übernehmen kann. Ist die Gruppe kleiner als neun Personen, so können bzw. müssen die Teammitglieder neben ihrer »Hauptrolle« weitere Rollen übernehmen.

Diese kombinierte Verbindung aus Selbst- und Fremdeinschätzung ist allerdings nicht ganz unproblematisch. Daher schlägt Schley (1998, S. 124) vor, bei der Arbeit mit diesem Teamrollenmodell die folgenden drei Einschätzungsschwierigkeiten im Blick zu haben:

- Ein Problem der Selbsteinschätzung liegt darin, dass man eine persönliche Schwäche, an der man vermeintlich schon lange gearbeitet hat, mittlerweile für eine Stärke hält. »Oft ist es aber gerade ihre unbewusst wahrgenommene Schwäche, an der sie intensiv arbeiten und mit der sie sich stark auseinandersetzen« (ebd.).
- In der allgemeinen Wahrnehmung werden die strategischen und visionären Rollensegmente (also die Strategin oder der Ideengeber) positiver gesehen als die eher auf Umsetzung angelegten Rollen (wie der Qualitätssicherer oder die Zuverlässige). Mit dem fatalen Ergebnis: »Dann bleiben gerade im Lehrerkollegium wesentliche Aufgaben liegen oder gemeinsam erarbeitete Beschlüsse werden nicht umgesetzt« (ebd.).

- Schließlich können Gruppenmitglieder dazu tendieren, die eigenen Beiträge zu überschätzen, die der anderen Mitglieder hingegen zu unterschätzen.

Nachfolgend werden die neun Gruppenrollen in Anlehnung an Wilfried Schley (1998, S. 123) differenzierter dargestellt:

Typ	Kürzel	Typische Eigenschaften	Positive Qualitäten	Fremdeinschätzung: *Wer im Team kann diese Rolle übernehmen?*	Selbsteinschätzung: *Welche Rollen liegen mir gut?*
der Stratege/ die Strategin (Strategist)	St	weitblickend, mutig, tatkräftig, ideenreich, konzeptionell	denkt über den Tellerrand hinaus, erkennt Kraftfelder in Systemen, Interesse an Erneuerung		
der Ideengeber/ die Ideengeberin (Plant)	Id	individuell, ernsthaft, unorthodox, vom Herkömmlichen abweichend	innovative Begabung, Vorstellungskraft, Intellekt, visionär		
der Aktivierer/ die Aktivierin (Ressource – Investigator)	Ak	extrovertiert, enthusiastisch, neugierig, wissbegierig, kommunikativ	besitzt die Eigenschaft, Kontakt zu Personen aufzunehmen und alles Neue zu erforschen; kann Herausforderungen annehmen		
der Gestalter/ die Gestalterin (Shaper)	Ge	geht aus sich heraus, dynamisch, zielorientiert, setzt sich durch	hat den Willen und die Bereitschaft, Trägheit, Ineffektivität, Selbstgefälligkeit oder Selbsttäuschung zu bekämpfen		

Das Modell der neun Teamrollen (Belbin)

Typ	Kürzel	Typische Eigenschaften	Positive Qualitäten	Fremdeinschätzung: Wer im Team kann diese Rolle übernehmen?	Selbsteinschätzung: Welche Rollen liegen mir gut?
der Moderator/ die Moderatorin (Chairman/ Coordinator)	Mo	ruhig, selbstsicher, beherrscht, defensiv steuernd	besitzt die Eigenschaft, potenzielle Mitarbeiter mit ihren Werten und Verdiensten ohne Vorurteile aufzunehmen, einzubinden und mit ihnen umzugehen; starke Wahrnehmung für objektive Gegebenheiten		
der Teamworker/ die Teamworkerin (Teamworker)	Tw	sozial orientiert, freundlich	besitzt die Fähigkeit, auf Menschen und Situationen einzugehen und den Teamgeist zu fördern		
der Qualitätssicherer/die Qualitätssicherin (Completer)	Qu	sorgfältig, gewissenhaft, fleißig, eifrig	besitzt die Eigenschaft, Dinge durchzuziehen, Perfektionismus, Liebe zum Detail		
der Systematiker/ die Systematikerin (Monitor Evaluator)	Sy	nüchtern, besonnen, vorsichtig, logisch	Urteilsvermögen, Diskretion, Nüchternheit, Praxis, stabile Klarheit		
der Zuverlässige/die Zuverlässige (Company Worker/Implementer)	Zu	vorsichtig, loyal, pflichtbewusst	praktischer gesunder Menschenverstand, hart arbeitend, selbstdiszipliniert, verantwortlich		

Tabelle 1: Team-Feedback – Rollen in erfolgreichen Teams (nach Belbin und Schley)

> **Aufgaben**
> - **Selbsteinschätzung:** Bitte schätzen Sie ein, welche Rollen Ihnen besonders liegen.
> - **Fremdeinschätzung:** Welche Rollen können die einzelnen Mitglieder Ihres Teams am besten wahrnehmen (Vorschlag: die jeweilige Paraphe einsetzen)?

Auf der Grundlage dieser Teamrollen leitet Belbin (1981, zit. nach Kauffeld 2001, S. 87) fünf Prinzipien zur Bildung effektiver Arbeitsgruppen ab:

> → Jedes Mitglied im Team vertritt eine funktionale, aufgabenbezogene Rolle und eine beziehungsorientierte Teamrolle.
> → Jede Gruppe braucht eine optimale Balance zwischen den aufgabenbezogenen und beziehungsorientierten Rollen, die abhängig ist von den Zielen und Aufgaben des jeweiligen Teams. So dürften in einer schulischen Steuergruppe andere Rollenzuweisungen nötig sein als in einer Arbeitsgruppe zur Vorbereitung einer Projektwoche.
> → Die Effektivität eines Teams ist weiterhin abhängig von dem »Ausmaß, in dem die Gruppenmitglieder sich selbst richtig einschätzen und an das Team anpassen, und zwar sowohl im Hinblick auf Fachwissen als auch auf die gegebenen Teamrollen« (ebd.).
> → Klar dürfte sein: Die vorhandenen Kompetenzen der Gruppenmitglieder prädestinieren sie für bestimmte Rollen und lassen sie für andere Teamrollen eher ungeeignet erscheinen. Andererseits gibt es sicherlich auch die Erfahrung, dass Menschen in Teamrollen und andere Rollen hineinwachsen können, die sie vordem nicht ausgefüllt haben – je nach Personenkonstellation im Team und den Veränderungen durch das Ausscheiden bisheriger Mitglieder und das Hinzukommen neuer Personen.
> → Ein Team kann sein Potenzial besonders gut zur Entfaltung bringen, wenn eine entsprechende Balance und Bandbreite der Gruppenrollen vorhanden sind. Eine einseitige Zusammensetzung der Gruppe in Richtung welchen Rollenclusters auch immer ist problematisch. Konkret: Was nützen einer Arbeitsgruppe zu viele Strategen oder Ideengeberinnen, wenn Gruppenmitglieder fehlen, deren Stärken eher in der systematischen, zuverlässigen Umsetzung liegen. Umgekehrt hätte ein Team auch Probleme, wenn es mehrheitlich aus bodenständigen Qualitätssicherern und Systematikern bestünde, aber die kreativen Ideen der Strategen und Aktivierer fehlten. Dass die empathischen Moderatorinnen und Teamworker, die das Team zusammenhalten, für das Gelingen von Teamentwicklung gebraucht werden, dürfte auch einleuchten.

Schulkultur: Entwicklung einer Teamkultur

Es geht nicht um die Umsetzung einzelner Neuerungen, sondern um die Veränderung der Kultur der Institution.

Michael Fullan

Diese zehnte und wahrscheinlich wichtigste These der »Zehn Annahmen über schulischen Wandel« von Michael Fullan (2007, S. 233), dem kanadischen Nestor der internationalen Schulentwicklung, besagt, dass isolierte Einzelmaßnahmen wirkungslos bleiben, wenn nicht der Gesamtkontext berücksichtigt wird. Auch wenn der Kulturbegriff inflationär als Begriffscontainer benutzt wird, in den alles und jedes hineinpasst, ist er für unseren Zusammenhang wichtig und richtig. Bedeutet Kultur doch in erster Linie, dass eine Praxis – unabhängig von den jeweiligen Akteuren – auf Dauer gestellt wird. Hierbei kann auf den hervorragenden Ansatz der »Feedback-Kultur« als Teil der »persönlichen Qualitätsentwicklung« von Norbert Landwehr (2003) zurückgegriffen werden. Ähnlich wie bei der Etablierung einer innerschulischen Feedback-Kultur kommt es bei der Entwicklung einer Teamkultur auf die folgenden zwei Aspekte des Kulturbegriffs an:

Kultur als individuelle Haltung besagt, dass sich bestimmte Situationen nicht einfach mit Instrumenten und Techniken bewältigen lassen. Vielmehr spielen »bei der Praxisgestaltung auch Haltungen und Wertvorstellungen eine besondere Rolle« (Landwehr 2003, S. 15). Diese Haltungen steuern das Verhalten der einzelnen Lehrkräfte.

Kultur als überindividueller Wertehorizont bedeutet, »dass die leitenden Haltungen und Wertvorstellungen nicht nur individuell, sondern kollektiv ausgebildet sind und einer kommunikativ vermittelten Sicht der Wirklichkeit entsprechen« (ebd.). In diesem Sinne entwickeln sich in jedem Schulkollegium ungeschriebene Regeln und Gesetze, die berühmten Dos and Don'ts, die beschreiben, was in einer Schule als angemessenes Verhalten gilt. Wenn eine Teamkultur angestrebt wird, bedeutet dies, dass im Kollegium eine positive Grundhaltung gegenüber Teamentwicklungsaktivitäten angestrebt wird.

In Abwandlung einer These von Norbert Landwehr zur Feedback-Kultur (2003, S. 17) bedeutet Teamkultur pointiert zusammengefasst:

> Hat Teamarbeit früher möglicherweise Irritationen ausgelöst und damit gewissermaßen einen Rechenschaftszwang erzeugt, so ist Gruppenarbeit jetzt zu einem natürlichen Bestandteil der gelebten Praxis geworden. Rechtfertigungsbedürftig ist inzwischen eher das Gegenteil: das herkömmliche Einzelkämpfertum sowie das Fehlen von Teamentwicklung und damit der Verzicht auf diese professionelle Arbeitsform.

Die Rolle der Schulleitung bei der Teamentwicklung: Unterstützungsstrukturen schaffen und Teamfähigkeit vorleben

Managing people is like herding cats.

Warren Bennis

So lautet der Originaltitel eines Klassikers der modernen Führungslehre (deutsche Ausgabe: »Menschen führen ist wie Flöhe hüten«), der sehr differenziert die Ansprüche an Leitungspersonen in Zeiten des Wandels beschreibt (Bennis 1998, S. 161 ff.). Der bekannte Anglizismus »Actions speak louder than words« dürfte auch hier gelten: Wenn ein Schulleitungsteam die wertschätzende Zusammenarbeit überzeugend vorlebt, fällt es den Lehrkräften sicherlich leichter, sich mit dem Teamgedanken zu beschäftigen. Diese Vorbildwirkung setzt voraus, dass die Leitungspersonen ihr jeweils »inneres Team« als Modell und Methode beherrschen. Friedemann Schulz von Thun, der die Idee des »inneren Teams« entwickelt hat, drückt diesen Gedanken in lustiger Reimform aus: »Willst du eine gute Führungskraft (...), ein guter Lehrer sein, dann schau auch in dich selbst hinein« (Schulz von Thun 2011, S. 89).

Über das eigene Vorbild im Sinne von »Walk the talk« hinaus stellen sich der Schulleitung die folgenden vier Unterstützungsaufgaben bei der Teamentwicklung im Kollegium:

Organisatorische Unterstützung

Hier ist an eine fest im Stundenplan verankerte Teamstunde zu denken, zu der im gesamten Haus kein Unterricht stattfindet. Ein eigener Teamraum für die Gruppe klingt möglicherweise utopisch, ist aber selbst in dürftig ausgestatteten Schulen möglich, wie ich in einigen Beratungen gesehen habe.

Fortbildung

Für die Einführung von Teamarbeit in einem Kollegium gilt als Basisvoraussetzung, dass entsprechende Fortbildungen angeboten werden. Als Einstieg bietet sich ein Pädagogischer Studientag an, der sich mit den Grundlagen und dem Handwerkszeug der Teamentwicklung beschäftigt (siehe dazu das Beispiel weiter unten).

Feedback

Eine Würdigung der Erfolge bei der Umsetzung der Teamentwicklung gehört zu den wichtigsten Unterstützungsfunktionen der Schulleitung. Das althergebrachte Führungsmotto »Mein Schweigen ist Lob genug« ist hier völlig deplatziert.

Führungsleitbild

Eine weitere Möglichkeit, Teamarbeit im Kollegium zu verankern, bietet das Führungsleitbild, womit die Unterstützungsaufgabe der Schulleitung quasi »offiziell« verschriftlicht wird. So lautet beispielsweise der erste Führungsgrundsatz des Berufskollegs Steinfurt in Nordrhein-Westfalen: »Teambildung und Teampflege«. Und bei den erläuternden Stichworten heißt es: »Der Einsatz in professionellen Lerngemeinschaften soll die Motivation für das gemeinsame Ziel fördern. (...) Schaffung von notwendigen Rahmenbedingungen (Materielle Maßnahmen, zeitliche Freiräume). Rollen im Team offen diskutieren.«

Abschließend möchte ich eine interessante Beobachtung weitergeben. Bereits 1956 begründet Haire verblüffend einfach, wie Führung entsteht: Weil jemand mehr zu tun hat, als er allein schaffen kann! Wenn eine Führungskraft »die ihr gesetzten Ziele erreichen will, benötigt sie dazu Mitarbeiter. Der Vorgesetzte und seine Mitarbeiter bilden eine Arbeitsgruppe, ein Team« (Haire, zit. nach: Comelli 2003, S. 171). Letztendlich bin ich damit nicht nur bei der Begründung von Führung, sondern auch bei der Notwendigkeit von Teamarbeit angelangt – wie weiter oben dargelegt.

Die Steuergruppe als besonderes Team: Sie steuert – und irritiert

Die Leute wehren sich nicht gegen Veränderung; sie wehren sich dagegen, verändert zu werden.

Dick Beckhard

Die Akzeptanz der Steuergruppe im Kollegium ist die Basisvoraussetzung für ihre Wirksamkeit. Im Sinne dieser Ausgangsthese sollten alle Aktivitäten der Steuergruppe darauf gerichtet sein, ihre Akzeptanz in der Schule zu erhöhen. Eine professionelle Qualifizierung der Steuergruppenmitglieder in den Themenfeldern Change und Projektmanagement ist dabei ein wichtiger Baustein. Damit können potenzielle Engführungen und Stolpersteine der Steuergruppenarbeit – wie die Entwicklung von Konkurrenzstrukturen zwischen Schulleitung und Steuerungsteam oder die Gefahr, vom Kollegium als Elitezirkel wahrgenommen zu werden – antizipiert und beachtet werden.
  Zu diesen offensichtlichen Herausforderungen des innerschulischen Change Managements kommen weit subtilere, sozialpsychologische Phänomene der Prozesssteuerung hinzu, die sich in der These zusammenfassen lassen: »Steuergruppen irritieren« (Messmer/Altrichter 1998, S. 50). Wie diese Irritationen aussehen können, welche systemischen Gründe es dafür gibt und mit welchen professionellen Kompetenzen die Mitglieder von Steuergruppen dem begegnen können, möchte ich in diesem Abschnitt beschreiben. Das bedeutet, dass hier nicht das gesamte Handwerkszeug oder Ansätze der Steuergruppenarbeit beschrieben werden. Diese können sehr kompakt bei Hans-Günter Rolff (2013, S. 41 ff., vgl. auch Feldhoff 2013) nachgelesen werden.
  Die Kernproblematik der Arbeit von Steuergruppen beschreiben Peter Senge und sein Team – allerdings auf den Profit-Bereich bezogen – folgendermaßen: »Während der Großteil der einschlägigen Literatur die Bedeutung der internen Teambildung her-

vorhebt, weisen andere Untersuchungen darauf hin, dass sich die entscheidendsten Eigenschaften erfolgreicher Innovationsteams eher aus ihrer ›externen Orientierung‹ als aus einer Konzentration auf ihre interne Entwicklung herausbildeten« (Senge u.a. 2000, S.368). Fehlt diese »externe Orientierung«, kann es im Extremfall dazu kommen, dass das Steuerungsteam wie ein Fremdkörper wahrgenommen und vom »Immunsystem« der herrschenden Organisationskultur abgestoßen wird – was aufseiten der Steuergruppenmitglieder dazu führen kann, in eine Art »Belagerungszustand« zu verfallen, mit dem fatalen Ergebnis einer gesteigerten Ablehnung seitens des übrigen Umfeldes. Das kann schließlich in einem Teufelskreis zwischen Steuergruppe und Organisationsumfeld enden.

Die Steuergruppe als Störgruppe!?

In der Schule kommt hinzu, dass Lehrkräfte sich ungern von ihresgleichen, also von »Peers«, steuern lassen. Diese Haltung verdankt sich der »Egalitäts-Autonomie-These« (Dan Lortie) in Schulkollegien, wonach in der schulischen Individualkultur alle Lehrkräfte gleich sind. Die Einrichtung einer Steuergruppe wird gleichsam als dauerhafte Bedrohung des »Egalitäts-Autonomie-Gebots« empfunden (vgl. Messmer/Altrichter 1998, S.52). Dies kann zu einer verdeckten Konfliktdynamik zwischen Steuergruppe und Kollegium führen, die sich – ähnlich wie bei den Befunden aus der Industrie – wechselseitig verstärkt und dadurch die Wirksamkeit der Steuergruppe erschwert.

Im Sinne eines »Worst-Case-Szenarios« könnte man eine weitere Beobachtung aus der Industrie aufnehmen, die Senge und sein Team als heimliche, sicherlich ungewollte Botschaft der Pioniergruppe an ihr Umfeld verstehen: »Irgendwann musst auch du dich ändern« (Senge u.a. 2000, S.362). Auf Schulen übertragen, kann man davon ausgehen, dass die Mitglieder der Steuergruppe neue Formen des Unterrichtens, der gemeinsamen Praxisreflexion und Selbstevaluation mit dem Ziel der Qualitätsverbesserung praktizieren. In der Regel versuchen sie – so meine Beobachtungen in allen Schulformen – als Lehrkräfte das umsetzen, was sie als Steuergruppe auch propagieren. Das kann bei den übrigen Lehrkräften die subjektiv empfundene Bedrohung auslösen: »So wie die jetzt arbeiten, muss ich demnächst auch ran.« Dieses sicherlich etwas übertrieben formulierte Bedrohungsszenario ist nun keineswegs nur ein subjektives Wahrnehmungsproblem. Vielmehr vertreten die meisten Schulentwicklerinnen und Schulentwickler in der Steuergruppe ein professionelles Selbstverständnis, das sich durch Engagement und Qualitätsbewusstsein auszeichnet, was andere Lehrpersonen nicht immer teilen.

Ein letzter Aspekt der möglichen »Störungen« betrifft die Fortbildungen, die für Steuergruppenmitglieder angeboten werden (und auch notwendig sind). Für das Steuerungsteam ist die Teilnahme an diesen Fortbildungen mit einem Kompetenzzuwachs und einer Verstärkung des Wir-Gefühls verbunden, was sich auch im Schulalltag niederschlagen dürfte, etwa durch das Benutzen einer Fachsprache, die dem übrigen Kollegium (noch) nicht so vertraut ist. Fazit: Was also aus Sicht der Steuergruppe als positiver Ausdruck neuer Lernfähigkeit und verbesserten Gruppenzusammenhalts betrachtet wird, kann aus der Perspektive der traditionellen Organisationskultur möglicherweise als Bedrohung empfunden werden. Wenn dann noch Erfolge der Steuergruppe ausbleiben oder nicht klar erkennbar sind, hat sie ein massives Akzeptanzproblem, was ihre Wirksamkeit stark beeinträchtigen dürfte.

Daher stellt sich die Frage, was die Mitglieder einer schulischen Steuergruppe tun können, um die beschriebenen »Irritationen« zu vermeiden oder zu minimieren. Bevor ich diese Frage mit sechs Kompetenzbereichen beantworte, ein kurzer, selbstkritischer Zwischenruf: Natürlich kenne auch ich aus meiner Beratungstätigkeit viele hervorragende Steuerungsteams, die sehr gut im Kollegium verankert sind und dies unter anderem in Befragungen des Kollegiums evaluiert haben (dazu weiter unten mehr). In diesem Sinn ist die obige Problemskizze – wie angesprochen – als ein »Worst-Case« Szenario zu verstehen, das in Reinkultur wahrscheinlich nur in wenigen Schulen anzutreffen ist. Dennoch sind einzelne Aspekte dieser möglichen Engführungen der Schulentwicklungsarbeit von Steuergruppen immer wieder zu beobachten. Von daher halte ich es für notwendig, dass sich die Mitglieder von Steuergruppen diesen potenziellen Herausforderungen stellen, um ihre Wirksamkeit nicht zu gefährden.

Kompetenzen für Steuergruppenmitglieder

Aus seinen Beobachtungen von Innovationsteams und Pilotgruppen in der Industrie leitet das Team um Peter Senge fünf Kompetenzen ab, die die Mitglieder dieser Gruppen berücksichtigen sollten, um dieser anspruchsvollen Steuerungsaufgabe gerecht zu werden (Senge u.a. 2000, S. 366 ff.). Ich ergänze dieses – wie ich es nennen würde – »Anforderungsprofil für Steuergruppenmitglieder« um eine weitere, sechste Kompetenz.

Das übrige System von Anfang an einbinden
Dieser Satz bedeutet allgemein, dass das Grundmotto der Organisationsentwicklung »Betroffene beteiligen« bei allen Steuerungsaktivitäten beachtet wird. Konkret heißt das, mit dem Kollegium von Anfang an einen klar definierten Kontext in Form eines Mandats und einer Geschäftsordnung der Steuergruppe zu definieren und zu pflegen. Eine transparente Informationspolitik spielt hier eine weitere, bedeutende Rolle. Das übrige Kollegium kann auch eingebunden werden, indem für bestimmte Tagesordnungspunkte ein Gästestatus für interessierte Lehrkräfte eingeführt wird.

Bikulturell denken
Steuerungsleute sollten die Fähigkeit besitzen, »in zwei Welten zu leben – der Welt ihrer innovativen Subkultur und der Welt der Mainstreamkultur der Restorganisation« (ebd., S. 366). Diese Kompetenz setzt mithin ein gewisses Maß an kultureller Flexibili-

tät voraus, womit in erster Linie Toleranz und Streitkultur gemeint sind. Hinzu kommt sprachliche Sensibilität: »Ein Bewusstsein für eigene Sprache zu entwickeln, ist (...) eine hochwirksame Strategie, um erfolgreich bikulturell zu werden« (ebd., S. 371). Das Benutzen einer verquasten Fachsprache, mit der sich Mitglieder des Steuerungsteams profilieren möchten und die nur Eingeweihte verstehen, ist hier eher kontraproduktiv.

Persönliche Vorbehalte gegenüber Veränderungen akzeptieren
Diese Kompetenz berücksichtigt die Basisannahme des Change Managements, dass Widerstände von Betroffenen bei Veränderungsprojekten der Normalfall sind. Treten keine Widerstände auf, sollte dies eher ein Anlass zur Beunruhigung sein.

Offenheit für Reflexion kultivieren
Diese Entwicklungsempfehlung ernst zu nehmen bedeutet, sich die eigenen mentalen Modelle im Steuerungsteam immer wieder zu vergegenwärtigen. Hierzu ist die anspruchsvolle Fähigkeit notwendig, die eigenen Annahmen zu hinterfragen. Erfolgreiche Steuergruppen verfügen in diesem Sinne über die Fähigkeit, »ständig das eigene Denken auf die Probe zu stellen (...) und gleichzeitig Selbstvertrauen und Bescheidenheit zu entwickeln« (ebd., S. 369). Dieser letztgenannte Aspekt der notwendigen Kompetenzen von Steuergruppenmitgliedern verweist darauf, dass hier auch bestimmte Charaktereigenschaften gefragt sind, die als solche in den diversen Checklisten und Leitfäden nicht vorzukommen scheinen.

Ganz praktisch äußert sich die Fähigkeit, Offenheit für Reflexion zu kultivieren, darin, dass in jeder Steuergruppensitzung der feste Tagesordnungspunkt »Passiert – Notiert« vorgesehen ist, zu dem dann sozusagen ein Stimmungsbild aus dem Kollegium gezeichnet wird. Kritische Kommentare zur Arbeit der Steuergruppe sollten ausdrücklich erwünscht sein. Dahinter steht die Idee, Entwicklungen und Strömungen im Kollegium – mit Bezug zu den Steuerungsaktivitäten und den entsprechenden Entwicklungsprojekten – frühzeitig und proaktiv zu antizipieren, um darauf reagieren zu können.

Professionell informieren und kommunizieren
Auch für die Steuergruppenarbeit gilt eine der Grundregeln der systemischen Strategieentwicklung (vgl. Königswieser/Exner 2000): Jede Strategie ist nur so gut oder so schlecht wie das Konzept zu ihrer Kommunikation. In diesem Sinne sind transparente Information und professionelle Kommunikation auch aus dem Projektmanagement bekannte Erfolgsfaktoren. Erfahrene Projektmanager wie Mayrshofer und Kröger haben die folgenden Anforderungen formuliert, die ein überzeugendes Informationskonzept erfüllen sollte. Das Ziel dieses »Informationsmanagements« besteht darin,

- die fachlich und persönlich notwendige Information
- in der sinnvollen Tiefe und Qualität
- zum richtigen Zeitpunkt

- in einer hilfreichen Struktur und verständlichen Sprache
- mit einem adäquatem Medium
- an der richtigen Stelle

zur Verfügung zu haben (vgl. Mayrshofer/Kröger 2001, S. 64).

Checkliste: Fragen, um ein Informationskonzept zu erarbeiten

Des Weiteren haben Mayrshofer und Kröger Fragen formuliert, an denen ein stimmiges und wirksames Informationskonzept überprüft werden kann:

> → Wer genau braucht welche Information und wozu?
> → Wie oft und wie regelmäßig ist die Information nötig?
> → Wie lange ist die Information hilfreich und damit gültig?
> → Welche Informationsmedien werden in unserer Schule sinnvollerweise genutzt?
> → Wie muss die gegebene Information strukturiert und aufbereitet werden, um für die Empfänger möglichst hilfreich zu sein?
> → In welcher Form und mit welchem Medium sollte die Information gegeben werden?
> → Welche formellen und informellen Regeln fördern oder behindern in unserer Schule eine sinnvolle Informationspolitik?

Die eigene Arbeit evaluieren

Hiermit ist weniger eine Kompetenz als ein Arbeitsprinzip von Steuergruppen gemeint, das geeignet scheint, zu überprüfen, inwieweit die vordem genannten Kompetenzen tatsächlich vorhanden sind und auch praktiziert werden. Es geht also um die Evaluation der Steuergruppenarbeit. Für diese Überprüfung, auch der Wirksamkeit der Steuerungstätigkeit, möchte ich zwei methodische Vorschläge machen: Es handelt sich einmal um die beiden Übungen »Eine Steuergruppe definiert sich« und »Steuergruppen-Bilanzierung«, die ich hier direkt wiedergebe. Mit diesen beiden Übungen ist ein eher »subjektiver« Zugang in der Wahrnehmung der Gruppenmitglieder und der vermuteten Fremdwahrnehmung der übrigen Lehrkräfte möglich. Zum zweiten kann die Steuergruppe auch eine regelrechte Kollegiumsbefragung zu ihrer Arbeit durchführen, was aus Zeitgründen sicherlich eher selten möglich sein wird. Gleichwohl gebe ich im Anhang dieses Bandes einen Fragebogen wieder, den Steuergruppen für diese Befragung einsetzen können. Dies wäre dann eine »objektivere« Vorgehensweise, indem die Steuergruppe die tatsächliche Fremdwahrnehmung des übrigen Kollegiums über ihre Arbeit einholt.

Übung: Eine Steuergruppe definiert sich

Ziel dieser Gruppenübung, die auf Königswieser und Exner (2000, S. 182 f.) zurückgeht und von mir überarbeitet wurde, ist es, die Aufgaben und das Selbstverständnis der Steuergruppe mithilfe eines Ist-Soll-Vergleichs zu klären. Die zentrale Fragestellung lautet, wie die Beziehung der Steuergruppe zum Kollegium im Ist- und im Soll-Zustand aussieht.

Diese Ausgangsfrage wird dann in vier Schritten beantwortet bzw. bearbeitet:

> **Schritt 1:** In Einzelarbeit fertigt jedes Steuergruppenmitglied entweder zwei Zeichnungen an (Ist/Soll) oder beschreibt eine typische Szene im Ist- und dieselbe Szene im Soll-Zustand.
>
> **Schritt 2:** Die Teammitglieder erläutern ihre Zeichnungen oder tragen ihre typischen Szenen mündlich vor. Beispiele: »Wir sind der Tender eines Zuges. Im IST-Zustand wird wenig geheizt, es gibt wenig Rauch. Im SOLL ist der Zug flott unterwegs.« Oder: »Ein Gebäude soll saniert werden, und wir sind der Renovierungstrupp. Im IST herrscht ein Chaos von Zuständigkeiten. Im SOLL geht die Renovierung zügig voran« (Königswieser/Exner 2000, S. 183). An dieser Stelle sind nur inhaltliche Verständnisfragen zugelassen.
>
> **Schritt 3:** Nachdem alle Zeichnungen bzw. Szenen besprochen wurden, dienen die folgenden Leitfragen den Schlussfolgerungen daraus: Was bedeutet das insgesamt für unser Selbstverständnis? Zeigen die Differenzen zwischen Ist und Soll Gemeinsamkeiten oder Unterschiede? Welche sind dies? Was ist darüber hinaus in den verschiedenen Darstellungen deutlich geworden? Wie erleben wir einander?
>
> **Schritt 4:** Für die Weiterarbeit der Steuergruppe: Welche Konsequenzen ergeben sich? Welche Themen sollten wir stärker berücksichtigen?

Übung: Steuergruppen-Bilanzierung

Diese von mir entwickelte und oft eingesetzte Übung wird zunächst von jedem Mitglied der Steuergruppe individuell ausgefüllt. Daran schließt sich der Austausch der einzelnen Wahrnehmungen zur Akzeptanz der Steuergruppe im Team an. Das wichtigste Ergebnis dieser Bilanz liegt darin, Ideen und Aktivitäten zu erarbeiten, um die Akzeptanz im jeweiligen Kollegium zu erhöhen.

Akzeptanz / positives Feedback	Probleme / negatives Feedback
Mögliche Ursachen?	Mögliche Ursachen?
	Ideen:　　　　Erste Schritte:

Abbildung 7: Steuergruppen-Bilanzierung

Coaching – Angebote für Steuergruppen

Abschließend soll eine weitere Idee angesprochen werden, die Arbeit von Steuergruppen zu professionalisieren: Es hat sich – auch in meiner persönlichen Beratungstätigkeit – sehr bewährt, Steuergruppen Coaching-Angebote zu machen, in denen unter anderem ein Bewusstsein für diese nicht immer ganz leichte Rollensituation entwickelt werden kann. Wie jedes professionelle Coaching die Teilnehmer stärken sollte, so kann es auch für Steuergruppenmitglieder entlastend sein zu wissen, dass die in der jeweiligen Einzelschule auftretenden »Irritationen« zwischen Steuerungsteam und Kollegium systemische Ursachen haben. Darüber hinaus ist das Coaching-Angebot offen für alle Themen und Probleme, je nachdem wo die Schulen bzw. die Steuergruppen gerade in ihrer Schulentwicklung stehen.

Ein Teil dieses externen Coaching-Angebotes sollte auch sein, eine Einführung in das Selbstcoaching von Steuergruppen zu geben. Ich favorisiere hier den Ansatz des »Kollegialen Team Coachings« (KTC), der auf Gerd Rowold und Wilfried Schley zurückgeht (Rowold/Schley 1998; ausführlicher Rowold/Rowold 2006 und Schley/Schley 2010). In diesem selbstorganisierten Teamcoaching können – ohne einen externen Coach – so gut wie alle Themen und Konflikte systematisch bearbeitet werden. Darüber hinaus ist das Kollegiale Team Coaching eine hervorragende Gelegenheit, mithilfe des persönlichen Feedbacks (siehe weiter unten) Potenziale in der Steuergruppe im Sinne von »resource persons« freizulegen.

> Drei Elemente zeichnen das Kollegiale Team Coaching aus und prädestinieren es damit für diese Form der selbstorganisierten Peer-Beratung: erstens eine klare, einfache Grundstruktur, die methodische Sicherheit im Vorgehen gibt; zweitens die Erarbeitung weiterführender Schlüsselthemen, die der Beratung die notwendige Tiefe geben; und drittens der Rollenwechsel, der vorsieht, dass jedes Gruppenmitglied die zur Beratung notwendigen Rollen von Besprechung zu Besprechung reihum wahrnimmt, was den nicht zu unterschätzenden Nebeneffekt eines Trainings in Sachen »Perspektivwechsel« hat – ein Aspekt, der gerade für die multiprofessionelle Teamentwicklung wichtig ist.

3. Modelle der Teamentwicklung

Theorie der Gruppenreflexivität – Aufgaben- und Beziehungsorientierung

Mit dem Ansatz der Gruppenreflexivität von West (1994/1996), der in der deutschsprachigen Zunft der Schulentwicklerinnen und Schulentwickler kaum wahrgenommen wird, liegt meines Erachtens eine sehr brauchbare Theorie der Teamentwicklung vor, die sowohl Ursachen unterschiedlicher Gruppeneffektivität beschreiben kann als auch maßgeblich Methoden der Teamentwicklung (siehe dazu weiter unten) konzipieren hilft. Den Kern dieser Theorie bildet die Unterscheidung von zwei Dimensionen des Teamgeschehens: die aufgabenbezogene Reflexivität (»Task«) und die soziale Reflexivität (»Social Reflexivity«).

Dass diese beiden Dimensionen nicht vollkommen neu sind, dürfte bekannt sein: Nicht nur in der Kommunikationspsychologie findet sich die Dualität der Inhalts-und Beziehungsebene, wie sie prominent von Watzlawick oder Schulz von Thun propagiert wird. Mithilfe der ersten Kategorie lassen sich Zielorientierung, Zielklarheit, Aufgabenstruktur und formelle Rollen der Arbeitsgruppe beschreiben, wohingegen unter der sozialen Reflexivität, die den Grad der Beziehungsorientierung in einer Gruppe angibt, die Interaktionen, Gruppennormen und informellen Rollen subsumiert werden. Das Reflexivitätsmodell geht davon aus, dass Teams durch bewusste Reflexionsprozesse auf beiden Ebenen ihr Wissen und ihre Fähigkeiten ausbauen und somit in ihren Ergebnissen effektiver werden können (vgl. Stumpf u.a., S.146). Der Schlüssel zu dieser Effektivität ist ein fortwährender Zyklus von Reflexion und Aktion.

In Anlehnung an Stumpf und sein Team (2003, S.149), die sich auf West (1996) berufen, kann man die Wirksamkeit des Gruppenreflexivitätsmodells wie folgt darstellen (siehe Abbildung 8):

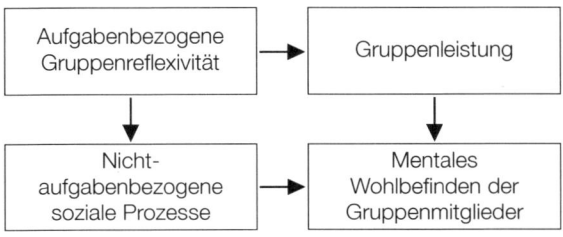

Abbildung 8: Das Gruppenreflexivitätsmodell nach West (1994/1996)

Aus dem Modell der Gruppenreflexivität hat Simone Kauffeld in ihrer Zeit als wissenschaftliche Mitarbeiterin an der Universität Kassel die »Kasseler Teampyramide« entwickelt (Kauffeld 2001, S. 138), die sie sehr treffend als »sparsames und anschauliches Modell« bezeichnet (ebd.). Den Ausgangspunkt dieses Modells bildet nicht zufällig die Zielorientierung, die auch in der Organisationsentwicklung und dem Change Management (Gerkhardt/Frey 2006, S. 53) als wichtigster Erfolgsfaktor für Veränderungen angesehen wird. Die Ziele und Anforderungen müssen klar formuliert sein, damit eine Gruppe sie entsprechend effektiv umsetzen kann. »Wenn die Teammitglieder die Anforderungen nicht kennen oder die Ziele nicht von allen akzeptiert werden, richten die Teammitglieder sich unterschiedlich aus und verfolgen individuelle Interessen« (Kauffeld 2001, S. 138). Das Gegenteil dieser unterschiedlichen Ausrichtung wäre das, was im Englischen als »Alignement« bezeichnet wird – die gemeinsame Ausrichtung auf ein Ziel also.

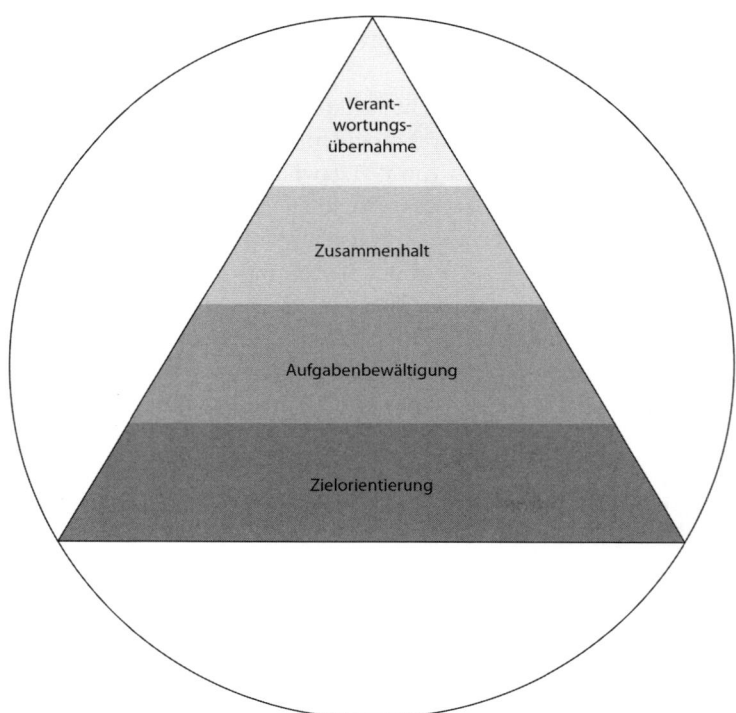

Abbildung 9: Die Kasseler Teampyramide

Das Pyramiden-Modell kann sowohl bei der Rückmeldung einer Bestandsaufnahme per Fragebogen (siehe weiter unten: Der Teamdiagnose-Bogen) als auch zur Veranschaulichung in Prozessen der Teamentwicklung herangezogen werden. Diese Veranschaulichung bedeutet, dass das Fundament gelungener Teamarbeit klare, von allen

Gruppenmitgliedern verstandene und geteilte Ziele sind. Aus der Teampyramide ergibt sich dementsprechend eine klare Entwicklungslogik von Gruppenarbeit: Wenn das Team zielorientiert arbeitet, dürften auch die Aufgaben angemessen bewältigt werden. Wechselseitiges Vertrauen und Respekt werden eher eintreten, wenn keine Zielkonflikte auftreten und die Arbeit erfolgreich bewältigt wird. In der Summe dürfte dies zur verstärkten Verantwortungsübernahme der einzelnen Gruppenmitglieder führen.

Mit diesem Phasenablauf bietet die Gruppenreflexivitätstheorie und ihre empirische Überprüfung an »echten« Arbeitsgruppen (Kauffeld 2001, S.136 ff.) ein überzeugenderes Modell als das gerade im Schulfeld vielfach rezipierte Modell von Tuckman (1965, zit. nach Simon 2003, S.37 f.), das vorwiegend auf Daten von Trainings- und Therapiegruppen beruht. Den Kern dieses Modells bildet die Abfolge von vier Schritten im Sinne einer Weiterentwicklung: »Forming«, »Storming«, »Norming« und »Performing«.

Dieses Verlaufsmodell von Tuckman hat so evidente Schwächen, dass man sich wundert, wie häufig es nach wie vor zitiert oder als Methode der sogenannten Teamentwicklungsuhr eingesetzt wird. Tuckman selbst hat auf die Schwächen seines Modells hingewiesen. Simon fasst diese Selbstkritik wie folgt zusammen: »Es handelt sich (...) lediglich um eine theoretische Konzeptionalisierung, die stark geprägt ist von den im Datenmaterial überrepräsentierten Therapie- und Trainingsgruppen, sodass eine Generalisierung auf Arbeitsgruppen schwierig ist. Nicht nur, dass er die Generalisierung in Frage stellt, sondern macht auch selbst auf die dem analysierten Datenmaterial zugrunde liegenden methodischen Schwächen aufmerksam« (Simon 2003, S.39). Simon nennt neuere Studien (ebd., S.52), die belegen, dass es durchaus Arbeitsgruppen gibt, die von vornherein produktiv zusammenarbeiten, ohne der Logik des Performance-Entwicklungsmodells von Tuckman zu folgen. Er kommt zu der empirisch abgesicherten Kernthese: »Eine grundlegende Voraussetzung effektiver Zusammenarbeit sind tragfähige zwischenmenschliche Beziehungen zwischen den Gruppenmitgliedern« (ebd., S.53).

Von dieser wissenschaftlichen Warte einmal abgesehen: Ganz offensichtlich gibt es Gruppen, die noch nie die Storming-Phase durchlaufen haben. Und wer kennt nicht Teams, in denen es permanent kracht? Dass Gruppen existieren, denen das Glück des optimalen »Performing« nicht vergönnt ist, dürfte auch klar sein. Diese Beobachtungen bedeuten nun keineswegs, dass Teamprozesse nicht bestimmten, sozialpsychologischen Gesetzmäßigkeiten unterliegen, die in Phasenverläufen beschrieben werden können. Nur: Es gibt neben dem Tuckman-Ansatz weitere Phasenmodelle, von denen die Teampyramide aufgrund ihres validen empirischen Hintergrunds und des bestandenen Praxistests an zahlreichen Gruppen meines Erachtens das überzeugendste Modell darstellt.

Theorie der Gruppenreflexivität als Methode: Ein Koordinatensystem zur Bestandsaufnahme

Die beiden Hauptdimensionen der Gruppenreflexivität kann man auch als Koordinatensystem darstellen, das es ermöglicht, die beiden Dimensionen zu verbinden, um damit den gegenwärtigen Standort von Teams zu beschreiben. Je nach Ausprägung auf diesen beiden Dimensionen können sich Gruppen oder Teammitglieder in der Einschätzung des jeweiligen Teams den vier Quadranten zuordnen. Abbildung 10 gibt sowohl die jeweiligen Pole als auch die daraus resultierenden Quadranten wieder:

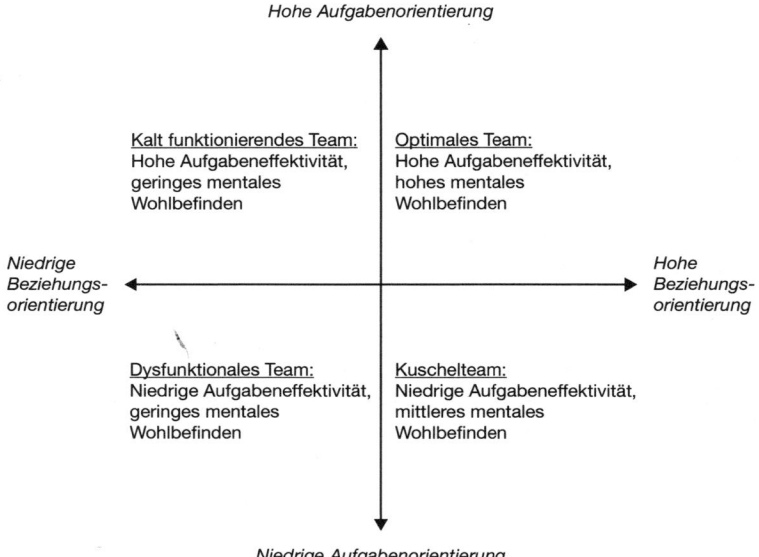

Abbildung 10: Koordinatensystem zur Aufgaben- und Beziehungsorientierung

Im Methodenteil (siehe »Methoden der Bestandsaufnahme«) ist dieses einfache Instrument als Blankobogen ohne die Kommentare in den Quadranten abgedruckt, damit die einzelnen Gruppenmitglieder beim Einsatz dieser Methode als Gruppenübung nicht durch den Text in den Quadranten beeinflusst werden.

Zum Schluss dieses Ausflugs in die Theorie der Gruppenreflexivität der (vielleicht zu schlichte?) Transfer in den Alltag: Eine Grußformel der (nicht nur westfälischen) Handwerker und auch anderer Menschen lautet: »Frohes Schaffen« – womit die Gruppenreflexivitätstheorie als Kurzformel ihren einfachsten Ausdruck findet.

Das Team-Dreieck: Drei Kraftquellen einer Gruppe

Einen zweiten theoretischen Zugang zum besseren Verständnis von Teams bietet das »Team-Dreieck«, das Kurt Buchinger und Herbert Schober (2006) als ein Modell beschreiben, mit dem »Potenziale und Defizite eines Teams rasch diagnostiziert und der Teamspirit gefasst werden können« (Buchinger/Schober 2006, S. 76). Die Grundstruktur dieser drei Kraftquellen, die einen spirituellen Hintergrund haben, verdeutlicht Abbildung 11. Demnach wird das Team-Dreieck aus den drei Quellen Erkenntnis, Vertrauen und Ordnung gebildet.

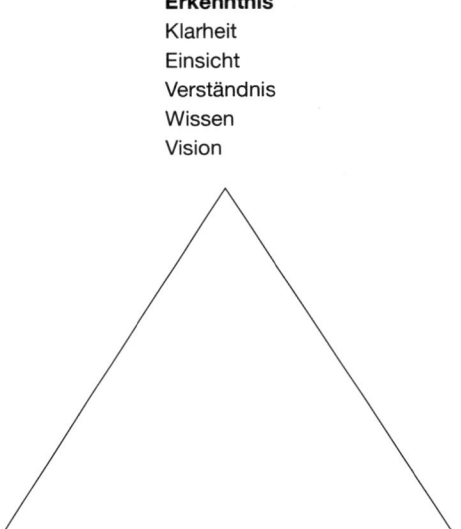

Abbildung 11: Drei Kraftquellen einer Gruppe

Über die Stichworte in der Abbildung hinaus liegt die Bedeutung der einzelnen Quellen für die Weiterentwicklung von Gruppen in folgenden Punkten:

> → **Ordnung:** Im Sinne innerer Ordnung brauchen Teams klare Strukturen und Rollenverteilungen, damit durch Einsatz und Engagement der Gruppenmitglieder auch gute Ergebnisse zustande kommen. »So gewinnt Ordnung weniger eine begrenzende, disziplinierende als vielmehr eine einladende, aktivierende, auffordernde und integrierende Funktion« (Buchinger/Schober 2006, S. 79).
> → **Erkenntnis:** Diese Teamressource umfasst die Aktivierung und Vernetzung des Wissens der Gruppenmitglieder, die Verknüpfung des individuellen Wissens mit dem Teamwissen und die Verbindung mit Wissensträgern außerhalb der Gruppe. Hinzu kommt die Sicherung und Dokumentation des Gruppenwissens.
> → **Vertrauen:** Diese von mir als »Kernressource« der Teamarbeit beschriebene Kraftquelle beinhaltet Offenheit für kreative Prozesse, Tolerierung auch informeller Beziehungen und Zugänge sowie Emotionalität und Empathie. Diese »weichen« Faktoren wurden lange Zeit unterschätzt. Daher betonen Buchinger und Schober (ebd., S. 80) mit ausdrücklichem Rekurs auf die auch in diesem Band referierten Einsichten der Neurobiologie: »Teams sind durch face-to-face-Kommunikation und gruppendynamische Prozesse ganz besonders auf die Qualität der Beziehungen der Teammitglieder angewiesen.«

Diese drei Teamressourcen können ihre Wirksamkeit nur gemeinsam entfalten: Erkenntnis ohne Ordnung fehlt die Handlungskonsequenz; ohne Vertrauen bleibt »Erkenntnis eingekapselt in ein skeptisches Ich« (ebd., S. 81). Ordnung ohne Erkenntnis bleibt als Selbstzweck willkürlich und dogmatisch; Ordnung ohne Vertrauen produziert Kontrolle und Lähmung. Schließlich ist »Vertrauen ohne Erkenntnis blind und naiv, hat keine Basis« (ebd.). Ohne Ordnung bleibt Vertrauen im luftleeren Raum hängen. Die wechselseitigen Bezüge der drei Kraftquellen für die konkrete Teamentwicklung verdeutlichen die Übungen mit dem Team-Dreieck, die im Teil »Methoden der Bestandsaufnahme« skizziert werden.

Empirische Erfolgsfaktoren der Teamentwicklung: Gruppen-Genius gekonnt umsetzen

Viele von uns kennen die Energie eines Teams, das sich total mit seiner Arbeit verbindet, wenn Vertrauen, Offenheit und ein Gefühl von Möglichkeit die Zusammenarbeit bestimmen.

Peter Senge

Hinlänglich bekannt dürfte der sogenannte Gruppenvorteil sein, der auch als »Synergieeffekt« bezeichnet wird. Sawyer (2007, zit. nach Burow 2011, S. 51) prägte für diesen Sachverhalt den zutreffenden Begriff »Group genius«. Dieser Gruppen-Genius ist nun aber keinesfalls ein selbstverständlicher Automatismus, wenn mehrere Menschen zu einem Team zusammenkommen.

Der Gruppenvorteil: »Ich bin gut, wir sind besser«

Dieses Zitat von Olaf-Axel Burow, das zugleich der Titel eines seiner Bücher ist (Burow 2000), bringt den Gruppenvorteil auf den Punkt und lässt sich durch die folgenden Ergänzungen konkretisieren:

- → Die Gruppe weiß mehr: »Niemand ist so schlau wie wir zusammen.« (Norm Green)
- → Das Team regt an: »Kreativität gibt es nur im Plural« (Olaf-Axel Burow). Sicherlich regt die Gruppe nicht nur an, sondern hin und wieder auch auf.
- → Die Gruppe gleicht aus: Das Team kann unterschiedliche Charaktere und Mentalitäten der Mitglieder ausgleichen.

Diese Synergieeffekte sind nun alles andere als Selbstläufer; es bedarf vielmehr der aktiven Teamentwicklung, damit die Vorzüge der Gruppensituation auch praktisch umgesetzt werden können. Abbildung 12 illustriert den Teamvorteil sehr schön:

Abbildung 12: Der Gruppenvorteil auf walisisch – fotografiert am 5. Juni 1939 am Strand von Porthcawl (© Fox Photos/Getty Images)

Der Gruppennachteil: Statt »Dreamteam« ein »Albtraumteam«

Bei allen Vorzügen des Teams als Schlüsselbegriff moderner Organisationskonzepte und erfolgreicher Schulentwicklung wird in der Forschung auch auf mögliche Engführungen hingewiesen, die sich in drei Gruppennachteilen bündeln lassen:

→ Das Team übt einen Gruppen- und Harmoniezwang aus: »Groupthink« wird dieses Phänomen in den (zumeist) englischen und amerikanischen Untersuchungen genannt (Nijstad 2009, S. 1). Dieses Gruppendenken bedeutet, dass im Team ein harmonischer Konsens angestrebt wird, bei dem Kritik und Gegenargumente systematisch (und häufig unbewusst) ausgeblendet werden, was zu einer Art von Selbstzensur führt. Hinzu kommt, dass dieser Harmoniezwang sehr viel subtiler wirkt, als wenn ich mich einer Leitungsperson unterordne – dem Gruppenzwang habe ich mich ja meistens freiwillig unterworfen. Eine gute Möglichkeit, dieses Gruppendenken zu umgehen, besteht im Ausmaß der Heterogenität: Wenn bei den einzelnen Teammitgliedern ein sehr unterschiedlicher Hintergrund vorhanden ist, dürfte sich das Phänomen des »Groupthink« nicht so stark entwickeln.

→ Die Gruppe trifft risikofreudigere Entscheidungen (»Risky shift«): Als Konsequenz aus dem genannten Teamzwang werden Entscheidungen häufig relativ schnell getroffen, ohne die möglichen Alternativen durchzuspielen, weil dies ja möglicherweise das harmonische Miteinander stören würde. Dadurch werden auch Kosten und Risiken von Entscheidungen zu leichtfertig eingeschätzt. Eine Möglichkeit, dieses Phänomen konstruktiv anzugehen, ist die aus den Problemlösetechniken der Qualitätszirkelarbeit bekannte Idee, in der Gruppe immer auch einen »Advocatus Diaboli« zu bestimmen, der die bisherigen Lösungsvorschläge kritisch hinterfragt oder prinzipiell die jeweilige Gegenposition einnimmt.

→ Die Teamentscheidungen sind zeitaufwändiger: Je nach Gruppengröße brauchen Entscheidungsprozesse im Team mehr Zeit als das Erteilen hierarchischer Anordnungen. Dieser Nachteil kann aber durch die höhere Entscheidungsqualität und die niedrigeren Widerstände bei der späteren Umsetzung mehr als ausgeglichen werden.

Aktive Teamentwicklung bewegt sich im Spannungsfeld zwischen der »Gruppenintelligenz und dem Gruppenzwang« (Senge 1996, S. 290), wie man den Gruppenvorteil und -nachteil auch bezeichnen könnte. Die Orientierung von Teams an den folgenden zwölf Erfolgsfaktoren kann dabei helfen, die »Gruppenintelligenz« intensiv zu fördern.

Zwölf Erfolgsfaktoren

Aus der Gruppenforschung (Comelli 2003) und meinen Beratungserfahrungen mit Schulen lassen sich zwölf Erfolgsfaktoren herausarbeiten, an denen sich schulische Teams orientieren können, um das geniale Potenzial einer Gruppe zu entwickeln.

Die Gruppe braucht einen unterstützenden Beziehungsrahmen
Dies bedeutet, dass im Team eine konstruktive Streitkultur (statt »Friedhöflichkeit«, Wilfried Schley) existiert, deren Basis wertschätzende und vertrauensvolle Beziehungen sind.

Das Team braucht ein Ziel (»Purposing«)
Eine erfolgreiche Gruppe hat eine klare Zielorientierung, vielleicht auch eine Vision vor Augen. In diesem Sinne verwenden erfolgreiche Teams einige Zeit damit, sich über ihre Ziele klar zu werden, was in den Originalstudien als »Purposing« (Katzenbach/Smith 1993, S. 102) bezeichnet wird. Ob Ziele von außen gesetzt oder von der Gruppe selbst festgelegt werden – wesentlich für den Teamerfolg ist es, dass die Zielsetzungen anerkannt und als wichtig erachtet werden. Dies ist sicherlich eher zu erwarten, wenn die Gruppe an der Zielformulierung beteiligt wird.

Die Gruppe braucht eine klare Aufgaben- und Rollenverteilung
Aufgaben werden im Team nach Fähigkeiten und Interessen verteilt. In der optimalen Gruppenzusammensetzung finden sich neun Rollen, wie sie von Belbin (1981) formuliert werden.

Das Team braucht Kommunikation und Feedback
Ein wichtiges Instrument für die Kommunikation in effizienten Gruppen ist angemessenes Feedback, wozu es noch ein eigenes Kapitel gibt.

Die Gruppe braucht (wechselnde) Leitung
In einem guten Team ist das Bewusstsein vorhanden, dass ergebnisorientiertes und zeiteffizientes Arbeiten (Sitzungs-)Leitung voraussetzt. Diese Leitungsaufgabe bezieht sich im Wesentlichen auf die Vorbereitung, Moderation und Auswertung von Gruppensitzungen, ist also nicht mit den Aufgaben der Schulleitung zu verwechseln.

Das Team braucht (relative) Autonomie und Rahmensetzung
Ein erfolgreiches Team braucht beides: sowohl Zeit und Raum, um sich zu finden und zu organisieren, als auch klare Setzungen in Form von Arbeitsaufträgen oder Abgabeterminen. Dies ist ohne Zweifel ein Spannungsfeld, das alle Gruppenmitglieder, insbesondere die Teamleitung, im Blick haben sollten.

Die Gruppe braucht Sitzungsmanagement

Eine sehr einfache Form, eine Besprechung zu strukturieren, ist die Rahmung von Sitzungen:
a) zunächst werden die Prozessfragen geklärt (Besprechungsdauer, Protokoll u. Ä.);
b) es folgt die inhaltliche Abarbeitung der Tagesordnung und schließlich
c) erfolgt die Prozessauswertung (Sitzungsblitzlicht, Vorschläge zur Tagesordnung der nächsten Besprechung).

Das Team braucht materielle und immaterielle Unterstützung

Zur materiellen Unterstützung gehören Fortbildungen (beispielsweise in Moderationstechniken und Projektmanagement) und möglicherweise auch Entlastungsstunden. Hinzu kommt die nicht zu vernachlässigende immaterielle Unterstützung in Form von Lob und positivem Feedback – insbesondere seitens der Schulleitung.

Die Gruppe braucht schnelle Erfolgserlebnisse (»Quick wins«)

Das Team benötigt, um eine stabile Motivation aufzubauen, kurzfristige Zwischenergebnisse. Ich arbeite hier gern mit Erfolgskriterien aus der Organisationsentwicklung (Rolff 1993, S. 173), die ich erweitert habe und die sechs »S« nenne. Gruppen können sich mithin an den folgenden Punkten orientieren: Es geht erstens um **s**chnelle Erfolge (beispielsweise in einem Schulhalbjahr), zweitens um **s**ichere Erfolge, die drittens möglichst für alle Beteiligten **s**ichtbar sind; viertens und fünftens wissen wir ebenfalls von der Organisationsentwicklung, dass man bei **S**chwächen und **S**tärken ansetzen sollte. Thematisiert eine Gruppe hingegen nur Probleme und Schwächen, dann wird das in Gang gesetzt, was Oskar Negt den »depressiven Zirkel« nennt. Schließlich sollten sechstens **S**iege gefeiert, die Erfolge also angemessen gewürdigt werden.

Wenn Erfolge ausbleiben, beginnen Selbstzweifel im Team Platz zu greifen, die sich unterschwellig zu Fragen nach der Existenzberechtigung oder dem Sinn der gemeinsamen Arbeit entwickeln. Dies kann eine Gruppe dann deutlich schwächen.

Das Team braucht Handlungskonsequenzen

Die gemeinsame Erarbeitung von Aktivitätenkatalogen und Aktionsplänen (siehe weiter unten im Methodenteil) schafft eine bessere, wie die Planungsforscher sagen würden, »Implementationstreue« als allgemeine Absichtserklärungen. Oder als Buchstabenspiel formuliert: An die Stelle der unverbindlichen »Drei-M-Methode« (»Man müsste mal ...«) tritt das verbindlichere Commitment des »WWW« des Aktionsplans: »Wer tut was? Mit wem? Und bis wann?«

Die Gruppe braucht eine Balance zwischen Aufgaben- und Beziehungsorientierung

Im Sinne der Gruppenreflexivitätstheorie von West (1994) ist einem erfolgreichen Team bewusst, dass Gruppenprozesse das Austarieren zwischen der Aufgabenerledigung und dem sozialen Klima berücksichtigen sollten. Methodisch findet diese Balance ihren Ausdruck im Koordinatensystem »Was sind wir für ein Team?«

Das Team braucht Team-Feedback

Wenn Gruppen den viel beschworenen Synergieeffekt umsetzen sollen, brauchen sie bewusste und regelmäßige »präventive Wartung« (Doppler/Lauterburg) in Form von selbstorganisiertem und methodengestütztem Team-Feedback – als eine Variante der Metakommunikation. Eine sehr gute Methode, dieses Team-Feedback in Eigenregie durchzuführen, liegt mit dem Teamdiagnose-Bogen vor, der sich an den beiden Hauptdimensionen der Gruppenreflexivitätstheorie orientiert und weiter unten vorgestellt wird.

Im Methodenteil dieses Bandes werden die soeben vorgestellten zwölf Erfolgsfaktoren als Methode der Bestandsaufnahme in Form eines Fragebogens aufgeführt. Der vierte Erfolgsfaktor, die Kommunikation und das Feedback in der Gruppe, soll im nun folgenden Teil ausführlicher dargestellt werden.

4. Kommunikation im Team

Vom »Runterladen« zum »schöpferischen Zuhören«

Seems I'm talking my whole life, it's time I listen now.

Mike Rosenberg, »Passenger«

In seinem vielbeachteten Management-Buch »Theorie U – Von der Zukunft her führen« entwickelt Claus-Otto Scharmer (2009), Soziologe am MIT in Boston, Schüler von Ed Schein und Mitarbeiter von Peter Senge, eine Kommunikationstheorie, die sich auch gut für Schul- und Teamentwicklungsprozesse eignet (Burow 2011, S. 120 ff.). Im Zentrum dieses Kommunikationsmodells stehen vier unterschiedliche Formen des Zuhörens, die aber durchaus viel weitgehender als mentale Modelle betrachtet werden können, die unser Handeln über die Kommunikation hinaus bestimmen. Diese »Feldstrukturen der Aufmerksamkeit« (Scharmer 2009, S. 37) sind entscheidend dafür, wie wir mit Veränderungsanforderungen in unserem (schulischen) Umfeld umgehen.

Downloaden

- Das Zuhören dient der Bestätigung bereits vorhandener Urteile.

- Wir sehen nur, was unseren gewohnheitsmäßigen Urteilen entspricht:

»Was ich schon immer wusste...«

Abbildung 13: Auch eine Variante des »Runterladens« (aus: Burow 2011, S. 122)

Nunmehr wieder auf Kommunikation bezogen, spricht Scharmer (ebd., S. 296) auch von vier »kommunikativen Entwicklungswegen«, die er in Form folgender Karte beschreibt (Abbildung 14):

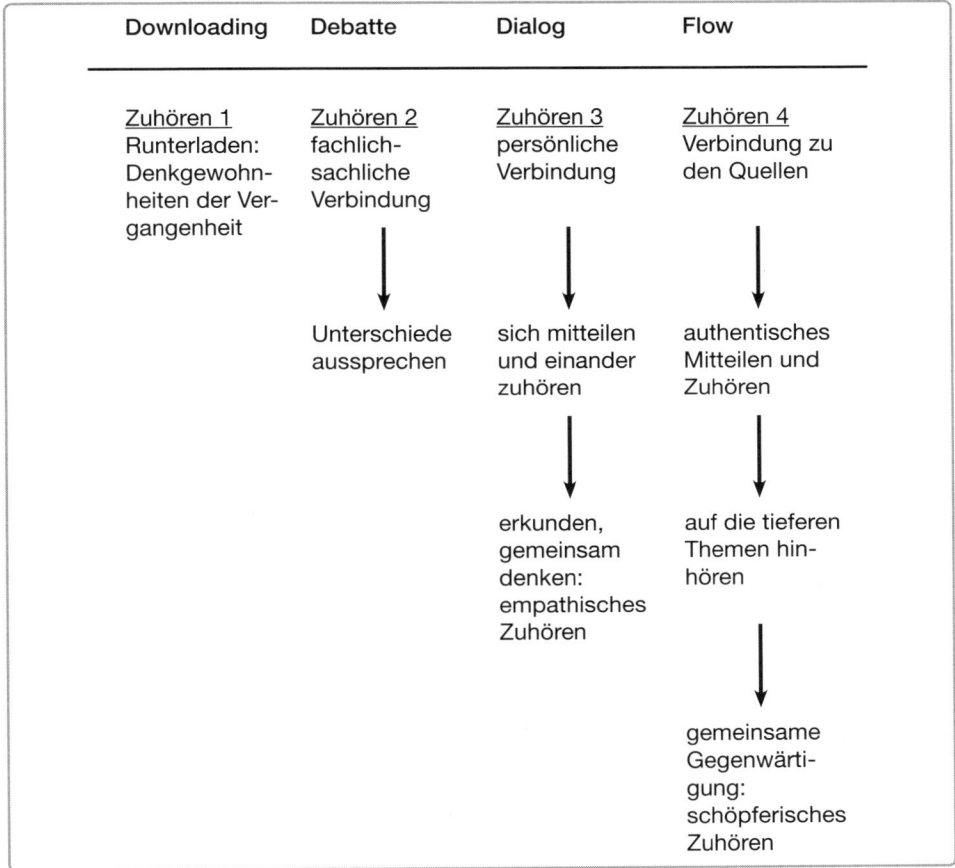

Abbildung 14: Eine Karte kommunikativer Entwicklungswege

Zuhören 1: Runterladen

Eine sehr verbreitete Form des Zuhörens stellt das »Downloaden« dar, bei dem unreflektiert die eigene Meinung bestätigt wird: »Ist schon klar, weiß ich schon, kenne ich auch...« Hiermit werden eigene Denkgewohnheiten bestätigt (Scharmer 2009, S. 35), wohingegen die etwa im systemischen Ansatz propagierten »sanften Irritationen« oder gar neue Ideen ausgeschlossen werden. Das »Runterladen« ist letztendlich ein »Muster der Vergangenheit« (ebd., S. 124). Als kommunikativer Entwicklungsweg beschreibt es eher eine gedankliche Sackgasse, die Veränderung oder Lernen und damit Weiterentwicklung nicht zulässt.

Zuhören 2: Debatte (»open mind«)

Dieses kommunikative und mentale Modell ist handlungsleitend bei Debatten und Streitgesprächen, die ein faktenbezogenes und fokussiertes Zuhören verlangen (»open mind«). Zuhören des Typs 2 »ist der Grundmodus der Wissenschaft. Sie stellen Fragen und beobachten sorgfältig, welche Antworten Ihnen z. B. die Natur gibt« (ebd., S. 35). Es werden Fragestellungen formuliert, Hypothesen entwickelt und überprüft.

Zuhören 3: Dialog (»open mind and open heart«)

Bei dieser Form des Zuhörens verschiebt sich unsere Wahrnehmung: Wir hören nicht nur mit »offenem Geist«, wir nutzen auch die »Intelligenz des Herzens« (ebd., S. 36), indem wir uns in einen anderen Menschen oder in eine Gruppensituation hineinversetzen. Empathisches Zuhören heißt »nicht der eigenen inneren Stimme zuzuhören, sondern dem, was der jeweils andere wirklich sagt« (ebd., S. 386). Mit diesem kommunikativen Entwicklungsweg wird darüber hinaus ein »kreatives Feld« geschaffen (Burow 2011, S. 122).

> Martin Buber spricht sogar vom »dialogischen Leben«, das sich dadurch auszeichne, dass »man mit den Menschen, mit denen man zu tun hat, wirklich zu tun hat« (Buber 1978, S. 43). Aus dem Zuhören könnte hier ein zugewandtes, empathisches Hinhorchen werden – in Abwandlung des bekannten Exupéry-Zitats: »Man sieht nicht nur mit dem Herzen besser, man hört auch mit dem Herzen besser.«

Zuhören 4: Schöpferisches Zuhören (»flow«)

Diese sehr anspruchsvolle Kommunikationsform ist ein Zuhören aus dem entstehenden Zukunftsfeld. Damit »befinden wir uns in einem anderen, gesteigerten Zustand der Aufmerksamkeit« (Scharmer 2009, S. 36). Eine weitere Definition dazu lautet: »Anwesend werden in einer höchsten zukünftigen Möglichkeit« (ebd., S. 37). Diese Beschreibung verdeutlicht, dass das schöpferische Zuhören durchaus auch spirituelle Aspekte beinhalten kann.

Das schöpferische Zuhören ermöglicht magische Momente und Gipfelerlebnisse, die sich zum Teil einer sprachlichen Darstellung entziehen. Mit Marvin Weisbord (1992, zit. nach Burow 2011, S. 123) könnte man hier auch von »der Entdeckung des gemeinsamen Grundes« sprechen, womit künftige Entwicklungschancen in den Blick genommen werden.

Aus der entstehenden Zukunft führen: Bildung eines kreativen Kernteams

Diese Entwicklungschancen aufzunehmen, kann als sehr anspruchsvolle Teamaufgabe begriffen werden. Dazu ist es notwendig, »eine Konstellation von Akteuren zu versammeln, die sich gegenseitig brauchen, um den Schritt in das Feld der Zukunft zu unternehmen« (Scharmer 2009, S. 387). Man bildet also eine Art »Task-Force« zur Entwicklung einer Zukunftsvision im Sinne von »Schule 2020«.

Dass Veränderungsprozesse über Personen laufen, ist freilich eine Binsenweisheit. Entscheidend für den Erfolg eines schöpferischen Kernteams ist die richtige Passung der unterschiedlichen Persönlichkeiten und Rollen. In der zutreffenden Formulierung von Scharmer (ebd., S. 389): »Wessen es bedarf, ist, dass die richtigen Leute zur richtigen Zeit am richtigen Ort zusammenkommen«. Hier ist also intelligente Teambildung gefragt: Wie schafft man es, die richtigen Leute zur richtigen Zeit am richtigen Ort zusammenzubringen? Scharmers Antwort darauf ist ein Leitfaden in Form einer Checkliste, die bewusst als persönliche Ansprache in der zweiten Person Singular formuliert ist (ebd., S. 390).

Checkliste: Sieben Grundsätze zur Bildung eines kreativen Kernteams

- → Benötigt wird zunächst eine Vision oder auch Intention, die andere Menschen überzeugt.
- → Vertraue der »Intelligenz deines Herzens«, wenn es darum geht, die richtigen Menschen zu finden oder auch Entwicklungsmöglichkeiten zu erkunden.
- → Suche das professionelle und persönliche Gespräch mit den anderen Akteuren: Versuche dich mit ihren besten Zukunftsmöglichkeiten zu verbinden.
- → Wenn ein Kernteam gebildet wird, beziehe die wichtigen Menschen im Umfeld mit ein. Dies können beispielsweise Sponsoren und Entscheidungsträger sein, die ein starkes Interesse an dem jeweiligen Zukunftsthema haben.
- → »Bringe Aktivisten in die Kerngruppe, das heißt Leute, die alles dafür geben würden, dass das Projekt klappt. Ohne diese persönliche Herzensqualität, Leidenschaft und Verbindlichkeit entsteht nie irgendetwas radikal Neues« (ebd.). Diese beiden Sätze könnten das Motto jedweder Veränderungsstrategie sein!
- → Beziehe auch Akteure ein, die im Moment nicht direkt von dem Thema/Problem betroffen sind, die es aber mittelbar angehen könnte.
- → Beziehe Experten mit ein und baue um das Kernteam eine Unterstützungsstruktur auf, in der »die Personen sich gegenseitig inspirieren und auf einen gemeinsamen Weg begeben können« (ebd.).

Feedback in der Gruppe: Von der persönlichen Rückmeldung zum Team-Feedback

Hier gilt es, die Dualität und Differenz zwischen Individuum und Gruppe im Blick zu behalten: Rückmeldeprozesse im Team dienen letztendlich sowohl der persönlichen als auch der Teamentwicklung.

Das individuelle Feedback: Forschungsergebnisse und Regeln

Unter dem Gesichtspunkt der beschriebenen sozialen Reflexivität der Gruppe (»Beziehungsorientierung«) ist es wichtig, dass das Team auch den einzelnen Mitgliedern gezielt eine Rückmeldung gibt. Diese persönliche Rückmeldung dient als Reflexionshilfe, um das Handeln des Individuums in komplexen Situationen zu überprüfen und gegebenenfalls zu revidieren. Das persönliche Feedback ist kein Selbstzweck, sondern vielmehr der Versuch, mithilfe individueller Lernzuwächse auch die Effektivität der Gruppe zu verbessern. Diese personenbezogene Rückmeldung ist umso wirksamer, je mehr Feedbackgeber vorhanden sind: Für diesen Sachverhalt wurde die Metapher des 360°-Feedbacks geprägt, das dann im Ergebnis ein »lernwirksames Feedback« ausmacht (Landwehr 2003, S. 15). Dass mit dem multiperspektivischen 360°-Feedback die persönliche Weiterentwicklung intensiv gefördert werden kann, verdeutlichen mögliche Wirkungen, die Martin Scherm und Werner Sarges (2002, S. 15 f.) sehr differenziert beschreiben. Demnach soll das persönliche Feedback

- die Kompetenzentwicklung fördern;
- die Selbstreflexion stimulieren;
- den Perspektivenwechsel trainieren;
- Entscheidungsprozesse verbessern helfen;
- das Vertrauen in die eigenen Kompetenzen erhöhen;
- den Wandel in der Schule vorantreiben.

Damit diese potenziellen und recht anspruchsvollen Wirkungen auch tatsächlich eintreten, muss bei dem einzelnen Teammitglied die Bereitschaft für ein Feedback vorhanden sein. Im Wortstamm von »Feedback« ist ja das »Füttern« enthalten. Vor diesem Hintergrund kann eine positive Rückmeldung als willkommene Stärkung aufgefasst werden. In diesem Sinne gilt die Botschaft des treffenden englischen Ausspruchs »Feedback is the breakfast for champions« aber nur, wenn die jeweilige Person offen für Rückmeldungen ist.

Zu dieser persönlichen Offenheit gegenüber Feedback-Prozessen gibt es interessante empirische Ergebnisse in dem genannten Band von Scherm und Sarges (2002, S. 37). Aus ihrer Übersichtsstudie sind die folgenden drei Regeln für unseren Zusammenhang wichtig. Je stärker Personen sich selbst achten und schätzen, desto positiver zeigen sie sich gegenüber Rückmeldungen anderer (ebd.). Daraus folgt:

Regel 1: Personen, die eine hohe Selbstachtung aufweisen, zeigen sich offen gegenüber Feedback-Prozessen!
Je mehr eine Person davon ausgeht, dass sie die sie betreffenden beruflichen und privaten Belange selbst beeinflussen kann, desto positiver steht diese Person dem Feedback gegenüber. Daraus ergibt sich:

Regel 2: Personen, die von ihrer Selbstwirksamkeit überzeugt sind, zeigen sich offen für Feedback-Prozesse!

Je höher sich der psychische Aufwand darstellt (Ängste, Befürchtungen), der mit der Rückmeldung verbunden sein kann, desto negativer stehen die betreffenden Personen dem Feedback gegenüber. Scherm und Sarges heben an dieser Stelle explizit hervor: »Dieser Aufwand bezieht sich auf solche Vorgänge wie Mitarbeiter und Kollegen als Feedbackgeber zu gewinnen, auch unangenehmes Feedback mit dem eigenen Team zu besprechen, um Maßnahmen und Verhaltensänderungen einzuleiten« (ebd.). Daraus folgt:

Regel 3: Personen, die mit der Einführung von Feedback-Prozessen besondere individuelle Belastungen erwarten, stehen diesen eher ablehnend gegenüber!

> Im Klartext könnte man die drei Regeln auch so zusammenfassen: Selbstbewusste Menschen haben keine Probleme mit Rückmeldungen anderer – seien sie positiv oder negativ. Demgegenüber stehen nicht so selbstsichere Menschen, die ein stärkendes Feedback gut gebrauchen könnten, diesem eher kritisch bis abweisend gegenüber. Wie kommen wir da weiter? Um die letztgenannte Gruppe dazu zu motivieren, sich an Feedback-Prozessen zu beteiligen, sollten die folgenden, eher psychologischen Bedingungen bzw. Voraussetzungen in der Organisation respektive Schule geschaffen werden.

Voraussetzungen für die Offenheit gegenüber einer Rückmeldung

Kultur der persönlichen Wertschätzung
Um mögliche Ängste gegenüber Rückmeldungen abzubauen, bedarf es eines unterstützenden und wertschätzenden Klimas. Ausdrücklich sei hier die Leitung erwähnt, indem darauf hingewiesen wird, dass »ein autoritärer Führungsstil, der Motivation beständig über Angst und Drohung herstellt, damit unvereinbar ist« (ebd., S. 43).

Klarheit über die Ziele und den Kontext des Feedbacks
Es muss von vornherein klar sein, dass das Feedback der persönlichen Weiterentwicklung dient und mögliche Kontrollfunktionen damit ausgeschlossen sind.

Neben diesen wichtigen Voraussetzungen des Individualfeedbacks verlangt die Rückmeldepraxis von den Gruppenmitgliedern – sowohl als Sender wie auch als Empfänger – die Fähigkeit zur Sensibilität und Empathie. Unter dem Gesichtspunkt des persönlichen, »lernwirksamen« Feedbacks, das als eine besondere Akzentverschiebung bzw. Fokussierung des 360°-Feedbacks verstanden werden kann, beschreibt Norbert Landwehr (2003, S. 11 ff.) sechs Kriterien, die eine »gute« Rückmeldung ausmachen und an denen sich die Teammitglieder orientieren können. Ich gebe sie hier gern weiter.

Kriterien eines guten, lernwirksamen Feedbacks

1. Ein lernwirksames Feedback ist glaubwürdig: Zur Glaubwürdigkeit einer Rückmeldung gehört eine vertrauensvolle Beziehung zwischen der feedbackgebenden und der feedbackempfangenden Person. Auf die Bedeutsamkeit von Vertrauen auch in Arbeitsbeziehungen ist bereits mehrfach hingewiesen worden.
2. Ein lernwirksames Feedback ist erfahrungsbezogen und konkret: Das Gegenteil hierzu wäre eine Pauschalrückmeldung, die auch noch mit Kommentaren oder Interpretationen vermischt ist. »Stattdessen werden die Feedback-Informationen vor allem dann als hilfreich empfunden, wenn sie sich auf konkrete Verhaltensweisen und Handlungen beziehen« (ebd., S. 11), an denen der Feedback-Empfänger ansetzen kann.
3. Ein lernwirksames Feedback bezieht sich auf veränderbare Aspekte des Handelns: Wichtig scheint es bei einer konstruktiven Rückmeldung weiterhin zu sein, dass sich das Feedback auf Aspekte bezieht, die die einzelnen Gruppenmitglieder auch »mit Bordmitteln« beeinflussen können. Hinweise auf aktuelle Rahmenbedingungen wie Räumlichkeiten oder selbstgewählte Erschwernisse wie ein langer Schulweg dürften eher lernunwirksam sein.
4. Ein lernwirksames Feedback ist emotional verkraftbar und nicht verletzend: Ein gutes Feedback wird eben nicht mit dem berühmten Holzhammer à la »Was ich dir schon immer einmal sagen wollte« gegeben, sondern nimmt auf die Gesamtsituation der feedbackempfangenden Person Rücksicht. Diese Rücksichtnahme – auch darauf wurde bereits verwiesen – ist ein Element der Vertrauensbildung zwischen Menschen.
5. Ein lernwirksames Feedback wird in lernunterstützender Absicht gegeben: Dazu sollten sich die Feedbackgeber an der folgenden Fragestellung orientieren: »Was braucht die feedbackempfangende Person, um aus der Praxissituation möglichst viel lernen zu können?« (ebd., S. 12)
6. Ein lernwirksames Feedback wird in lernbereiter Haltung angenommen: Dieser Aspekt ver6. weist darauf, dass eine Rückmeldung keine Einbahnstraße ist, sondern immer einen sozialen Prozess darstellt, für den mitunter auch der Begriff des »reziproken Feedbacks« benutzt wird.

Das Team-Feedback

Rückmeldeprozesse in einem Team dienen in erster Linie dazu, Reflexionsprozesse in der Arbeitsgruppe in Gang zu setzen, die selten spontan entstehen. Mögliche Anlässe dieser Selbstreflexion können sein: neue Teammitglieder, neue Aufgaben für die Gruppe oder Konflikte im Team. Um für solche Situationen gewappnet zu sein, sollte es zu den Arbeitsnormen der Gruppe gehören, in regelmäßigen Abständen (etwa zweimal pro Schuljahr) ein systematisches Feedback auf der Metaebene der Gruppenreflexivität zu organisieren. Zeitlicher Aufwand und Ertrag müssen hier allerdings gut abgestimmt sein, damit diese Selbstreflexion kein Selbstzweck wird.

Dieses Team-Feedback kann – etwa mithilfe des Teamdiagnose-Bogens – folgende Ziele verfolgen (vgl. Kauffeld/Grote 2005, S. 73):

> → Initiierung des Dialogs in der Gruppe;
> → institutionalisiertes Feedback;
> → Durchführung einer Stärken-Schwächen-Analyse;
> → Planungsgrundlage für einen Teamentwicklungsprozess;
> → Initiierung und Begleitung von Teamentwicklungsprozessen;
> → Gruppenmitglieder lernen, Vorgänge im Team zu verbalisieren;
> → Benchmarking, um von anderen Gruppen zu lernen;
> → Ansatzpunkte für Verbesserungen aufzeigen.

Der Teamdiagnose-Bogen: Dimensionen und Ansatzpunkte der Teamentwicklung

Als beispielhafter Fragebogen für eine Rückmeldung in der Gruppe soll hier ausführlich der Teamdiagnose-Bogen vorgestellt werden. Er beruht auf dem »Kasseler Fragebogen zur Arbeit im Team« (FAT) (vgl. Kauffeld 2001, S. 127 ff.). Den FAT, der ursprünglich 22 Aussagen enthält, habe ich auf elf Items gekürzt und um zwei offene Fragen ergänzt. Dieser Bogen hat den Vorzug, dass er sowohl praxistauglich ist als auch wissenschaftlichen Ansprüchen genügt.

Die elf geschlossenen Aussagen des Teamdiagnose-Bogens bilden die folgenden vier, für den Erfolg der Gruppenarbeit zentralen Dimensionen ab, die der ausführlich dargestellten Theorie der Gruppenreflexivität entspringen. Die Kasseler Teampyramide hat diese Dimensionen bereits verdeutlicht. Ich ordne sie hier der Theorie der Gruppenreflexivität zu und nenne die jeweiligen Fragebogen-Aussagen (siehe auch den Teamdiagnose-Bogen in Abbildung 15):

Aufgabenbezogene Reflexivität:
Zielorientierung: Item 1 bis 3
Aufgabenbewältigung: Item 4 und 5

Soziale Reflexivität:
Zusammenhalt: Item 6 bis 9
Verantwortungsübernahme: Item 10 und 11

Im Rahmen des Team-Feedbacks sind diese vier Dimensionen gleichzeitig Ansatzpunkte für Maßnahmen der Teamentwicklung – je nach Ausprägung der Befragungsergebnisse. Dabei sind prinzipiell drei Ergebnisausprägungen möglich: Haben alle Teammitglieder eher positiv geantwortet (»grüner Bereich«, vgl. Kauffeld/Grote 2005, S. 74), besteht offensichtlich kein Handlungsbedarf. Haben die meisten Gruppenmitglieder eher negativ geantwortet (roter Bereich), ist ganz offenkundig ein massiver Handlungsbedarf vorhanden. Schließlich der orangefarbene Bereich: Hier haben die Teammitglieder sehr heterogen geantwortet; negative und positive Ergebnisauspägungen halten sich die Waage. Bevor aus diesen sehr unterschiedlichen Bewertungen der Teamarbeit irgendwelche Konsequenzen gezogen werden, sollte die Gruppe zunächst besprechen, wie es zu den Wahrnehmungsunterschieden der einzelnen Teammitglieder kam; danach kann die Gruppen beispielsweise Aktionspläne o. Ä. zur Verbesserung der Zielerreichung, der Aufgabenbearbeitung, der Gruppenkohäsion oder der Übernahme von Verantwortung formulieren.

Soll ein Fragebogen zum Team-Feedback sowohl anschlussfähig sein als auch sozialwissenschaftlichen Kriterien genügen, muss er die folgenden fünf Anforderungskriterien erfüllen (vgl. auch Kauffeld 2001, S. 113 ff.):

- **Orientierung an klassischen Gütekriterien:** Die einschlägigen »klassischen« Gütekriterien wie etwa Objektivität und Validität werden von dem Teamdiagnose-Bogen erfüllt.
- **Praxisrelevanz:** Dieses Kriterium bedeutet, dass die Aussagen des Fragebogens für die Gruppenpraxis der Befragten auch zutreffen. In dem Teamdiagnose-Bogen ist dies durch die Orientierung an den vier Dimensionen gegeben. Die Praxisrelevanz könnte dadurch erhöht werden, dass die betroffenen Gruppenmitglieder an der Entwicklung des Instruments beteiligt werden – was vermutlich aus Zeitgründen nur selten passieren dürfte.
- **Veränderbarkeit:** Wichtig scheint auch zu sein, nur solche Formulierungen in den Bogen aufzunehmen, deren Beantwortung – nach Auswertung, Feedback und Ergebnisdiskussion – später auch konkrete Veränderungen ermöglicht. Wieder sind es die vier Dimensionen, die garantieren, dass dieses Kriterium auch erfüllt wird, da sie allesamt in Eigenregie des jeweiligen Teams gestaltbar sind.
- **Anwendbarkeit unter Alltagsbedingungen – Selbstdiagnose:** Eine selbstorganisierte Teamdiagnose setzt in gewissem Maße diagnostische Fähigkeiten bei den Gruppenmitgliedern voraus, was bei der Zusammenarbeit mit einem externen Trainer – neben der Fragebogenentwicklung – ein zusätzliches Ziel der Beratung sein sollte. Diese Qualifizierung der Teammitglieder zum selbstorganisierten Team-Feedback als Ergebnis eines professionellen Teamcoachings wäre mithin eine gute Garantie zur Erfüllung dieses Kriteriums.
- **Leichte ökonomische Einsetzbarkeit:** Die Praxisrelevanz und Akzeptanz eines Fragebogens dürften dann besonders gut ausfallen, wenn das Instrument auch zeitökonomisch einsetzbar und auswertbar ist. Der Fragebogen sollte also nicht zu umfangreich und relativ einfach in der Gruppe auszuwerten sein – was beim Teamdiagnose-Bogen mit seinen insgesamt 13 Aussagen gegeben ist.

Feedback in der Gruppe: Von der persönlichen Rückmeldung zum Team-Feedback

Teamdiagnose-Bogen

1. Uns sind die Ziele des Teams unklar. ○○○○○ Die Ziele unseres Teams sind uns klar.
2. Ich identifiziere mich nicht mit den Zielen des Teams. ○○○○○ Ich identifiziere mich mit den Zielen des Teams.
3. Unsere Ziele sind unrealistisch und unerreichbar. ○○○○○ Unsere Ziele sind realistisch und erreichbar.
4. Die Teammitglieder wissen nicht genau, was sie zu tun haben. ○○○○○ Die Ziele unseres Teams sind uns klar.
5. Informationen werden oft zu spät ausgetauscht. ○○○○○ Informationen werden rechtzeitig ausgetauscht.
6. Einige denken zu viel an sich selbst. ○○○○○ Das Team steht im Mittelpunkt und nicht der Einzelne.
7. Es gibt Konkurrenz zwischen den Teammitgliedern. ○○○○○ Konkurrenz zwischen Teammitgliedern ist kein Thema.
8. Wir reden nicht offen und frei miteinander. ○○○○○ Wir reden offen und frei miteinander.
9. Wir behalten wichtige Informationen für uns. ○○○○○ Wir bringen alle Informationen in unser Team ein.
10. Wir denken selten über Verbesserungen nach. ○○○○○ Wir denken ständig über Verbesserungen nach.
11. Die Teammitglieder vermeiden es, Verantwortung zu übernehmen. ○○○○○ Die Mitglieder übernehmen Verantwortung.
12. Was sind die »Schätze« dieses Teams, die wir unbedingt bewahren sollten?
....
....
13. Was gefällt mir an diesem Team überhaupt nicht?
....
....

Abbildung 15: Der Teamdiagnose-Bogen

5. Unterrichtsentwicklung und Fortbildung im Team

Nur wenn Teams lernfähig sind, kann die Organisation lernen.

Peter Senge

Der Ansatz der »Change Leadership Group« (Harvard): Unterrichtsentwicklung im Team

Ein neuer, empirisch abgesicherter Ansatz einer grundlegenden Veränderung von Unterricht liegt mit dem Konzept »Change Leadership« vor, das eine Forschungsgruppe um die beiden Hochschullehrer Tony Wagner und Robert Kegan (2006) in Harvard erarbeitet hat. Wesentliche Erkenntnisse dieser Studie sind auch im deutschsprachigen Raum auf fruchtbaren Boden gestoßen (vgl. Rolff 2012). Beispielsweise beruht das nordrhein-westfälische Projekt »Vielfalt fördern« – getragen von der Bertelsmann Stiftung und dem Schulministerium – konzeptionell auf Ergebnissen der Harvard-Veröffentlichung (vgl. Kober 2013). In meinen Fortbildungsangeboten zu dem Themenkreis »Unterrichtsentwicklung im Team« setze auch ich Elemente dieses Ansatzes ein.

Dualer Fokus: Äußere und innere Aufmerksamkeit verbinden

Der theoretische Hintergrund dieses wegweisenden Ansatzes liegt einmal im Systemdenken, das Peter Senge (1996) mit seiner Arbeit zur »Fünften Disziplin« stark geprägt hat. Ein System versteht er »als ein wahrgenommenes Ganzes, dessen Elemente zusammenhängen, weil sie sich kontinuierlich gegenseitig beeinflussen und auf ein gemeinsames Ziel hinwirken« (Senge 1996, S. 11; siehe auch Rolff 2012, S. 37). Zum anderen gehen die Schulforscher aus Harvard von der »doppelten Herausforderung der organisatorischen Veränderung und des persönlichen Wachstums« aus (Wagner/Kegan 2006, S. XIX), eine Erkenntnis, die wir der Organisationsentwicklung verdanken, die auch eine Basis des »Change-Leadership«-Ansatzes ist. Dieser duale Fokus der persönlichen und organisatorischen Seite von Wandel unterliegt auch der folgenden, ausschnitthaften Darstellung einiger der wichtigsten Ergebnisse der »Change Leadership Group«.

Die persönliche Seite von Veränderungsprozessen

Zu den persönlichen Aspekten der Unterrichtsentwicklung gehören unter anderem eine ordentliche Problembeschreibung, eine Zukunftsvorstellung als »Commitment« und die Bewusstmachung möglicher innerer Widerstände – auch und gerade bei den Leitungspersonen und Mitgliedern der Steuergruppe. Zu diesen drei Bereichen gebe ich im Folgenden die prägnanten Arbeitsaufträge der »Change Leadership Group« (eigene Übersetzung) weiter:

Problemidentifikation
Was ist aus Ihrer Sicht das Hauptproblem oder die zentrale Herausforderung, vor der Ihre Schule momentan und vor allen Dingen in Zukunft stehen wird? Was müsste alles verändert werden, um das Hauptproblem zu lösen? Gibt es Überzeugungen und Verhaltensweisen bei den Lehrkräften (und bei Ihnen!), die modifiziert werden müssten, um einer Problemlösung näher zu kommen?

Ihre Zukunftsvision (»Commitment«)
Wie sieht nach Ihrer Überzeugung die Zukunftsvorstellung für Ihre Schule aus? Versuchen Sie, dieses Ziel als eine Art »Commitment« (= Engagement und Verantwortungsübernahme) zu formulieren: Ich fühle mich dem Wert und der Wichtigkeit von .... verpflichtet.

Interessanterweise gehen Wagner und Kegan davon aus, dass auch Leitungspersonen mitunter Zweifel oder sogar innere Widerstände gegenüber geplanten Veränderungen hegen – eine Annahme, die der Denkweise und den mentalen Modellen in den Schulministerien oder der Schulaufsicht eher fremd sein dürfte!

Finden Sie Ihre inneren Widerstände (»Hidden Commitment«) heraus
Es gibt ein gleichsam »offizielles« Commitment, das wir haben, und es gibt ein quasi konkurrierendes »inoffizielles« Commitment, das uns hat und wahrscheinlich nicht so nobel und hehr aussieht (Wagner/Kegan 2006, S. 87). Wie ist das bei Ihnen: Welche inneren Widerstände sehen Sie bei sich persönlich?

Auch wenn sich niemand seine inneren Widerstände gern eingesteht, geschweige denn sie gern auf einem Plakat veröffentlicht sehen würde, ist es ein sehr wichtiger Schritt, sich diese Widerstände persönlich bewusst zu machen. Oder weitergehend: »Wir sind fest davon überzeugt, dass Sie eine bessere Chance haben, den Wandel aktiv zu begleiten, wenn Sie sich Ihrer inneren Hemmnisse klar werden« (ebd., S. 89).

Die organisatorische Seite von Veränderungsprozessen

Dazu möchte ich zwei Konzepte der »Change Leadership Group« vorstellen. Es geht dabei um Varianten einer Bestandsaufnahme der jeweiligen – im weitesten Sinn –

Schulkultur. Die erste Variante beschreibt kollegiale Orientierungsmuster, die gemeinsamer Unterrichtsentwicklung entweder entgegenstehen oder sie eher ermöglichen.

Bestandsaufnahme der Veränderungsbereitschaft eines Kollegiums (»Generating Momentum for Change«)

Die Bereitschaft eines Schulkollegiums, sich auf Veränderungen einzulassen (»Generating Momentum for Change«, Wagner/Kegan 2006, S. 63), beschreibt die Harvarder Forschungsgruppe mithilfe von drei Orientierungsmustern, die letztendlich die jeweilige Schulkultur ausmachen. Mit diesen Orientierungsmustern liegen sehr klare Indikatoren vor, die für jedes Kollegium und jede Schulform gültig sind. Ich gebe dieses Instrument hier in Form einer Übung in drei Teilen wieder (überarbeitet und übersetzt nach Wagner/Kegan 2006, S. 67 ff.), die die Leserinnen und Leser auf ihr jeweiliges Kollegium beziehen können. Sinnvollerweise sollte diese Übung im Team bearbeitet werden, unter anderem um Wahrnehmungsunterschiede und die entsprechenden Handlungskonsequenzen daraus zu diskutieren.

Übung 1: Reaktive Orientierung vs. Zielorientierung und Fokussierung

Mögliche Fragen
- Existiert eine klare, innerschulische Zielorientierung in Richtung Unterrichtsentwicklung?
- Ist diese Zielorientierung im gesamten System bekannt?

Reaktive Orientierung	**Zielorientierung und Fokussierung**
• zu viele Prioritäten, keine richtige Schwerpunktsetzung	• klarer Fokus auf Unterrichtsentwicklung
• Externe Anforderungen werden blind und unreflektiert übernommen.	• Externe Anforderungen werden reflektiert und an die eigenen Entwicklungsschwerpunkte angepasst.
• Es fehlen klar definierte Strategien, um das Lernen und Lehren zu verbessern.	• Es existieren klar definierte Strategien, um das Lernen und Lehren zu verbessern.

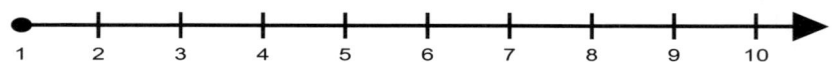

1 2 3 4 5 6 7 8 9 10

Versuchen Sie, Ihre Schule auf dem obigen Kontinuum einzuschätzen.

Übung 2: Dienst nach Vorschrift vs. Engagement

Mögliche Fragen
- Werden Betroffene angemessen beteiligt, und existiert ein Gefühl von »Teilhabe« (»ownership«)?
- Äußert sich diese aktive Beteiligung auch in Lehrerkonferenzen und anderen Besprechungen?

Dienst nach Vorschrift	Engagement
• Schulleitung und Lehrkräfte haben sich gut in der »Komfortzone« eingerichtet.	• professioneller Diskurs als stetige Herausforderung
• Die Schulkultur orientiert sich stark an Vorgaben und Regeln.	• Die Schulkultur setzt auf persönliche Verantwortung für die Zielerreichung.
• Es existiert vorwiegend eine Ein-Weg-Kommunikation.	• Es wird in alle Richtungen kommuniziert.

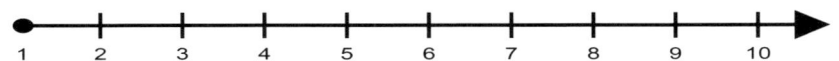

Versuchen Sie, Ihre Schule auf dem obigen Kontinuum einzuschätzen.

Übung 3: Isolation und Einzelkämpfertum vs. Zusammenarbeit und Teamentwicklung

Mögliche Fragen
- Sind die Besprechungen und Konferenzen auf Fragen des Lernens und des Lehrens fokussiert?
- Besitzen und praktizieren die Lehrkräfte die Fähigkeit zum Dialog im Team?

Isolation und Einzelkämpfertum	Zusammenarbeit und Teamentwicklung
• Schulleitung und Lehrkräfte arbeiten relativ isoliert.	• Für Schulleitung und Lehrkräfte sind Kooperation und Teamentwicklung selbstverständlich.
• Die Erwartungen an die Kooperation sind niedrig.	• Es existieren hohe, im Gesamtkollegium geteilte Erwartungen an die Kooperation.
• Es gibt nur wenige Möglichkeiten, um gemeinsam Probleme der Unterrichtsarbeit anzugehen.	• Die Lehrkräfte lösen Probleme der Unterrichtsarbeit gemeinsam.

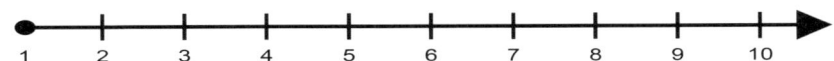

Versuchen Sie, Ihre Schule auf dem obigen Kontinuum einzuschätzen.

Wichtig scheint mir der Hinweis zu sein, dass es sich hier nicht um einen Fragebogen für das Kollegium handelt. Diese Übung ist vielmehr für Leitungsteams und Steuergruppen konzipiert, die damit eine Einschätzung ihres Kollegiums vornehmen können. Nach der Diskussion der Ergebnisse kann dann überlegt werden, an welchen Punkten weitere Entwicklungsaktivitäten ansetzen können.

Zusammengefasst lautet die Botschaft der drei Teilübungen: »Die Tendenzen von ›reaktiver Orientierung‹, ›Dienst nach Vorschrift‹ (›compliance‹) und ›Isolation‹ verstärken sich gegenseitig und schaffen ein System von Barrieren gegenüber grundlegenden Veränderungen« (Wagner/Kegan 2006, S.74). Demgegenüber zeichnen sich effektive Schulen dadurch aus, dass sie sich mit zielorientierter Fokussierung, Engagement und aktiver Teamentwicklung den Herausforderungen stellen. Die weiterführende Frage lautet sicherlich, mit welchen Strategien es Schulkollegien gelingt, von der linken, »negativen« Seite der fehlenden Veränderungsbereitschaft auf die rechte, »positive« Seite des Kontinuums zu gelangen.

Hier schlägt die Forschungsgruppe um Wagner und Kegan (2006, S.75) vor, auf die Entwicklung von »Communities of Practice«, »Critical Friends Groups«, sprich »Professionellen Lerngemeinschaften« zu setzen. Damit sind professionelle Netzwerke gemeint, mit deren Hilfe die Lehrkräfte und die weiteren Mitglieder der multiprofessionellen Teams ihre Kompetenzen weiterentwickeln und austauschen können. Diesen »Communities of Practice« kommen dabei folgende vier Aufgaben zu:

- → Weiterentwicklung der Kompetenzen der Gruppenmitglieder;
- → Wissensaufbau und Wissensaustausch;
- → Weitergabe von Best-Practice-Beispielen;
- → Lösung von Problemen der Schul- und Unterrichtspraxis.

Die »Communities of Practice« sind die gelungene Verbindung zwischen der Team- und Qualitätsentwicklung, indem an Best-Practice-Beispielen gelernt wird, Probleme schnell gemeinsam gelöst und die professionellen Fähigkeiten der Lehrkräfte weiterentwickelt werden.

Bestandsaufnahme mit dem 4-K-Werkzeug

Die zweite Variante einer Diagnose der Ist-Situation berücksichtigt auch das jeweilige schulische Umfeld. Mit dem 4-K-Werkzeug ist es möglich, »das System Schule ganzheitlich zu diagnostizieren und daraus Entwicklungsschritte abzuleiten« (Rolff 2012, S.37). Diese ganzheitliche Sichtweise auf Schule bezeichnen Wagner und Kegan mit ihrer Forschungsgruppe als »Arenas of Change« (Wagner/Kegan 2006, S.98). Die Arenen des Wandels stellen eine immense Herausforderung an das Lernen auch für die »Change Leader« (Schulleitungen, Steuergruppen) dar. Um diese Herausforderung zu bestehen, müssen folgende drei Fragen beantwortet werden (ebd., S.97f.):

Der Ansatz der »Change Leadership Group« (Harvard): Unterrichtsentwicklung im Team

> → Wie können Leitungspersonen und Steuergruppen ein ganzheitliches Bild des Veränderungsprozesses »zeichnen«, das sie und andere überzeugt?
> → Wie können Leitungspersonen und Steuergruppen dafür sorgen, dass sich die Lehrkräfte mit den zu lösenden Problemen identifizieren?
> → Wie können Leitungspersonen und Steuergruppen eine gemeinsam geteilte Vision des Erfolgs (»a shared vision of success«) kommunizieren, die stimmig und inspirierend ist?

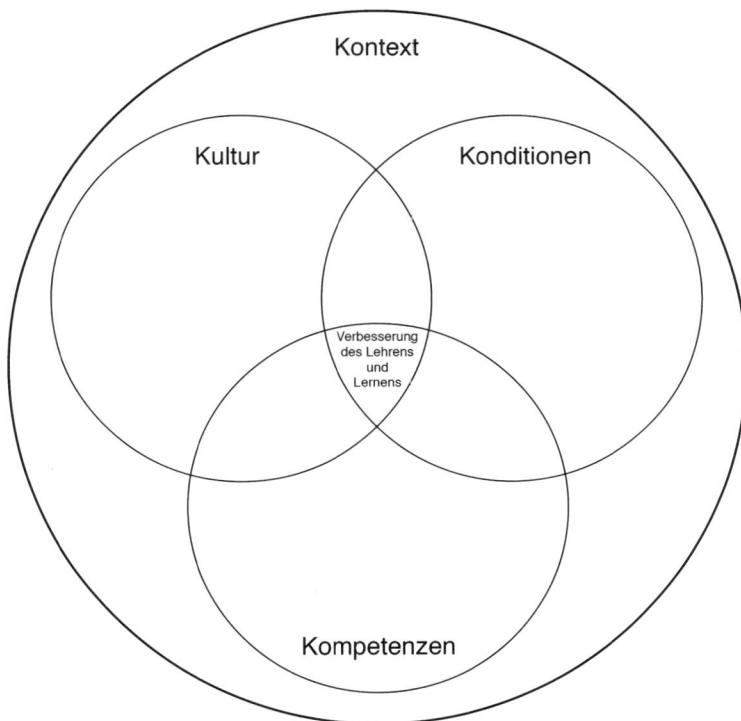

Abbildung 16: Das 4-K-Werkzeug in seiner Grundform

Das 4-K-Werkzeug geht in seiner Grundstruktur aus Abbildung 16 hervor. Diese Grundform »bleibt für alle Schulen die gleiche; die Inhalte sehen für jede mehr oder weniger anders aus« (Rolff 2012, S. 38). Hans-Günter Rolff formuliert einen »Referenzrahmen (»Graphic organizer«) mit einigen Beispielen, die Impulse setzen sollen, wenn sich Schulmitglieder zusammensetzen und den Rahmen spezifisch für sich ausfüllen« (ebd.). Ich gebe seinen Referenzrahmen in Abbildung 17 gern weiter:

Abbildung 17: Das 4-K-Werkzeug als Referenzrahmen von H.-G. Rolff (2013, S. 38)

Als ein weiteres projektbezogenes Beispiel für eine Bestandsaufnahme mit dem 4-K-Werkzeug dient das bereits genannte nordrhein-westfälische Vorhaben »Vielfalt fördern«, dessen Hauptziel schon im Projekttitel zum Ausdruck kommt: die verbesserte Förderung aller Schülerinnen und Schüler. Dazu sind Kompetenzen der Lehrkräfte gefragt, die von der Diagnostik bis hin zur fächerübergreifenden, aber auch fachspezifischen Methodik und Didaktik reichen (vgl. Kober 2013, S. 60). Bei den Veränderungen auf der kulturellen Ebene geht es um die Etablierung einer Teamkultur als Teil »einer fördernden Lern- und Schulkultur« (ebd.). Zu den internen Konditionen gehören einschlägige Fortbildungsangebote. Schließlich umfasst der äußere Kontext den notwendigen Ausbau ganztägiger und inklusiver Angebote.

Ein Pädagogischer Tag zum Thema »Teamentwicklung«

Will sich eine Schule intensiver mit ihrer Teamarbeit und -entwicklung beschäftigen, so empfiehlt sich ein Pädagogischer Tag oder Studientag zu dieser Thematik. Ich gebe an dieser Stelle einen Beispielablauf weiter, der sich in meinen Fortbildungen sehr bewährt hat:

Programmentwurf für den Pädagogischen Tag der xy-Schule (26. April 2013)

Verbesserung der kollegialen Zusammenarbeit: Teamentwicklung und Feedback-Kultur

08.30 Uhr	Begrüßung, Programmübersicht etc.
08.45 – 09.30 Uhr	Video »Amundsen & Scott«; Auswertungsfrage in Kleingruppen Was waren die Erfolgsfaktoren von Amundsens Team?
09.30 – 10.15 Uhr	Referat Philipp: »Erfolgsfaktoren und Handwerkszeug der Teamentwicklung«
10.15 – 10.45 Uhr	Kaffeepause
10.45 – 12.00 Uhr	Gruppenarbeit: Stand der Teamentwicklung im Kollegium (mit Leitfragen, siehe unten)
12.00 – 12.45 Uhr	Zwischenplenum: Kurzberichte aus den Gruppen; Referat Philipp: »Feedback und Rollen in erfolgreichen Teams«
12.45 – 13.45 Uhr	Mittagspause
13.45 – 15.15 Uhr	Gruppenarbeit mit den Angeboten: Übung zu den Teamrollen (Selbst- und Fremdbild); Arbeit an speziellen Vorhaben der Teams (gegebenenfalls mit Strukturierungshilfen, die Philipp bereitstellt)
15.15 – 15.30 Uhr	Kaffeepause
15.30 – 16.30 Uhr	Schlussplenum: Gruppenberichte; Aussprache; Tagesauswertung; Verabschiedung

Grundsätzlich sollte an einem solchen Tag geklärt werden, wie es um den Stand der Teamarbeit und -entwicklung im Kollegium bestellt ist. Die folgenden fünf Leitfragen, die ich in meinen Fortbildungen einsetze, können dazu in Kleingruppen bearbeitet werden:

→ Welchen Nutzen bringt Teamarbeit für unser Kollegium?
→ Welche Teamstrukturen sind schon vorhanden?
→ In welchen Bereichen brauchen wir mehr Teamentwicklung?
→ Wie könnte diese Teamarbeit aussehen (Voraussetzungen, Organisation, Struktur)?
→ Wie könnte Teamarbeit von der Schulleitung unterstützt werden?

Gruppenarbeit Jg. 6

1. Nutzen von Teamarbeit für unser Kollegium
- Struktur
- Arbeitsteilung – Arbeitsentlastung
- mehr Kontinuität für die Schüler
- Feedback
- Regeltransparenz
- Effizienz beim Umgang mit Ressourcen
- Lernen voneinander – Fehler vermeiden
- Ansprechbarkeit von außen

2. Welche Teamstrukturen sind schon vorhanden?
- teilweise gemeinsame Lehrerzimmer
- gemeinsame Absprachen und Fortbildungen
- z. B. Regelkatalog
- z. T. gemeinsame Stunden für Teams
- Treffen von Fachlehrern in Jahrgängen
- eher spontane Absprachen

3. In welchen Bereichen brauchen wir mehr Teamentwicklung?
- Unterrichtsverteilung – möglichst wenig Fachlehrer pro Jahrgang
- feste Teamstunden
- Entscheidungsfreiheit und Autonomie für die Teams
- Kompetenzen der Teams müssten geklärt werden
- Stundenplaneinflüsse (z. B. Lage)
- Lehrerzimmersituation

4. Wie könnte diese Teamarbeit aussehen?
- Teamstunden
- Absprachen
- Teamzusammensetzung
- Fächerkombinationen beachten
- Teamkoordinator

5. Wie könnte Teamarbeit von der Schulleitung unterstützt werden?
- Mittragen und Unterstützung von Teamentscheidungen
- Ressourcen
- Stundenplan – Teamstunde
- materielle Unterstützung
- personelle Ressourcen für Inklusion

Abbildung 18: Ein Beispielplakat zu den fünf Leitfragen

Fortbildung als Großgruppenmoderation: Das World-Café

Obwohl dieser Band im Wesentlichen von kleineren Gruppen handelt, die sich im Sinne der optimalen Teamgröße zwischen fünf und zwölf Personen bewegen, möchte ich an dieser Stelle einen Ansatz der Großgruppenmoderation vorstellen, der in besonderer Weise bei der Arbeit mit multiprofessionellen Teams genutzt werden kann. Ob es sich beispielsweise um Werkstätten mit Eltern (zur Gründung einer neuen Schule am Ort) oder Lehrerworkshops (zur gesunden Schule) handelt: Das »Welt-Café« bietet einen hervorragenden Rahmen, um kreative Prozesse und zeiteffizientes Arbeiten zu verbinden.

In größeren Schulkollegien – also vorwiegend Berufsschulen, Gesamt- und Sekundarschulen sowie Gymnasien, aber auch großen Grund- und Förderschulen ab 25 Personen – bietet sich als aktivierende Methode der Fortbildung das »World-Café« an, eine Variante der Großgruppenmoderation, welche die »Kommunikationslotsen« Holger Scholz und Roswitha Vesper (2010) sehr anschaulich in einer sogenannten Lernlandkarte beschreiben. Das Welt-Café wurde ursprünglich von Juanita Brown und David Isaacs (2007) entwickelt und als Modell »dialogorientierter Führung« (Brown/Isaacs 2007, S. 12) beschrieben.

Abbildung 19: Die Zutaten im World-Café (aus: Scholz/Vesper 2010 – »Kommunikationslotsen«)

Der Grundgedanke des World-Cafés besteht darin, unterschiedliche Menschen in ein Gespräch zu bringen – wie in einem Wiener Kaffeehaus eben. 25 bis 150 Personen, idealerweise in Sechser- oder Achtergruppen, diskutieren dabei (in der Regel) drei

Fragestellungen bzw. Frageblöcke, die vorher gut ausgearbeitet wurden. Die Teilnehmerinnen und Teilnehmer sitzen an entsprechend vorbereiteten Tischen. Die Vorformulierung relevanter und »richtiger« Fragen – durch eine Planungs- respektive Steuergruppe – ist fast die halbe Miete für den Erfolg dieser Fortbildungsvariante. Die Diskussion wird auf Papiertischdecken bzw. DIN-A1-Plakaten festgehalten und von der nächsten, neu gebildeten Gruppe, die sich an diesem Tisch zusammenfindet, aufgenommen. Das Welt-Café ist eine effiziente Methode, die durch den Gruppenwechsel viel Kreativität freisetzt. Nicht umsonst haben so unterschiedliche Schriftsteller wie Honoré de Balzac, Ernest Hemingway oder Joseph Roth – allerdings mit ihrem »inneren Team« – ihre Romane in Pariser bzw. Wiener Cafés geschrieben.

In meinen Fortbildungen mit dem World-Café hat sich das folgende dreischrittige Vorgehen bewährt – andere Varianten sind denkbar und werden von Scholz und Vesper ausführlich dargestellt (Scholz/Vesper 2010):

→ Beantwortung der drei Fragestellungen bzw. Frageblöcke in wechselnden Gruppierungen
→ Zusammenführung und Sichtung der Ergebnisse: Galeriespaziergang
→ Gesamtdiskussion/Bewertung/Schlussfolgerungen

Für die Durchführung des Welt-Cafés gelten die folgenden fünf Spielregeln, mitunter auch »Etikette« genannt:

→ Tragen Sie eigene, persönliche Ansichten und Sichtweisen bei!
→ Hören Sie genau zu, um wirklich die Beiträge der anderen zu verstehen!
→ Verknüpfen Sie Ideen miteinander!
→ Schreiben oder Zeichnen auf das vorbereitete Plakat ist erwünscht!
→ Spaß darf sein!

Es wurde bereits darauf verwiesen, wie wichtig die Vorformulierung relevanter Fragen für das Gelingen eines World-Cafés ist. Scholz und Vesper (2010) geben dazu die folgenden drei Hinweise:

→ Die Fragen sollten logisch aufeinander aufbauen und trennscharf sein.
→ Es müssen offene Fragen formuliert werden, die nicht mit »Ja« oder »Nein« zu beantworten sind.
→ Es sollten relevante, richtige und wichtige Fragen gestellt werden, die allen in der Schule oder Einrichtung auf den Nägeln brennen.

Ähnlich wichtig wie die Formulierung richtiger Fragen ist der Umgang mit den Ergebnissen des Welt-Cafés. Diese »Ernte« (»Harvesting«) genannte Ergebnissicherung kann nach meinen Erfahrungen sehr gut mit dem aus dem Kooperativen Lernen bekannten »Galeriespaziergang« eingeleitet werden. Je nach Kontext wird es darum gehen, Themengruppen zu bilden und Aktionspläne zur Weiterarbeit zu formulieren.

Abbildung 20: Ein World-Café in Aktion (aus: Scholz/Vesper 2010 – »Kommunikationslotsen«)

World-Café und multiprofessionelle Kooperation: Das ganze System in einem Raum als Ort der »Weisheit der Vielen«

Dieses Motto für alle Formen der Großgruppenmoderation stammt von Marvin Weisbord, dem Papst der Arbeit mit großen Gruppen. Für unseren Zusammenhang können wir es thematisch wie folgt abwandeln: das ganze multiprofessionelle System in einem Raum. Denn genau dies geschieht im Welt-Café. Als eine mittlerweile häufig eingesetzte Methode der Großgruppenmoderation ist das World-Café darüber hinaus ein Ort, an dem die produktive, kreative und abwechslungsreiche Nutzung der »Weisheit der Vielen« (Burow 2011, S. 161) möglich ist.

Es gibt dabei so gut wie keine Thematik, die nicht mit dem Welt-Café bearbeitet werden kann. Die Methode verbindet kreatives mit zeiteffizientem Arbeiten: In der Regel liegt der benötigte Zeitrahmen – so meine Erfahrungen mit verschiedenen Schulen – zwischen anderthalb und drei Stunden – je nach Größe der Teilnehmergruppe bzw. der Schule. Im Unterschied dazu sind andere Verfahren der Großgruppenmoderation, wie beispielsweise die Zukunftskonferenz oder der Open-Space-Ansatz, deutlich zeitaufwändiger. Diese Überlegungen zeigen, dass das World-Café gut für die schulische Konferenzarbeit genutzt werden kann.

Inhaltliche Varianten des World-Cafés: Fragen zur Belastungssituation, zur Einführung des Ganztages und zur Inklusion

Ich möchte drei Beispiele von Fragestellungen für den Einsatz des Welt-Cafés vorstellen, die allesamt wichtig für die multiprofessionelle Teamentwicklung sind.

> **Fragestellungen zum Themenkomplex »Belastung/Entlastung«**
>
> In meiner Fortbildungstätigkeit zu dieser aktuellen Thematik haben sich folgende drei Frageblöcke bewährt:
>
> - Welche Situationen empfinden Sie in Ihrem Schulalltag als besonders belastend?
> - Wie können wir uns in Zukunft besser entlasten? Und: An welchen Stellen können wir uns gesundschrumpfen, ohne unser Profil zu verlieren?
> - Was sind mögliche erste Schritte der internen Entlastung? Und: Was kann ich selbst tun, um mit mir und anderen entspannter umzugehen?

Zur Einführung des Ganztagesbetriebs und der Inklusion in Schulen – beides Projekte, die nur als multiprofessionelle Kooperation funktionieren – hat Marianne Reichhart-Plank die folgenden Fragestellungen entwickelt. Sie sind in einem gemeinsamen Fortbildungsseminar der bayrischen Akademie für Lehrerfortbildung und Personalführung (ALP Dillingen) unter der Leitung von Gudrun Schick vorgestellt worden. Ich habe die Fragestellungen von Reichhart-Plank leicht modifiziert.

> **Fragestellungen zur Einführung des Ganztagesbetriebs**
>
> - Welche Haltung vertritt das Kollegium in Hinblick auf die Einführung des Ganztags (Erwartungen und Befürchtungen)? Welche Ressourcen sind an der Schule vorhanden und können genutzt werden? Und: Welche Erfahrungen liegen vor?
> - Welche Chancen bietet der Ganztag für die Entwicklung der Schule insgesamt? Welche neuen Kooperationsformen müssten eingeführt werden (Lehrkräfte, Erzieherinnen, Eltern)? Und: Was zeichnet eine solche Schule aus?
> - Womit können wir anfangen? Welche neuen Strukturen müssen geschaffen werden? Und: Wer kann das Vorhaben unterstützen (Allianzen, Partnerschaften)?

> **Fragestellungen zur Einführung der Inklusion**
> - Welche Haltung vertritt das Kollegium in Hinblick auf Inklusion heute (Erwartungen und Befürchtungen)? Welche Rahmenbedingungen liegen vor? Welche Ressourcen sind vorhanden und können genutzt werden?
> - Welche Vorteile bringt die Einführung der Inklusion für die Schule? Welche Auswirkungen wird das auf unser Schulklima haben?
> - Was ist zu tun, und womit können wir anfangen? Wer kann das Vorhaben unterstützen (Allianzen, Partnerschaften)? Und: Wie verändern sich unsere gemeinsamen Werte, wenn wir eine inklusive Schule geworden sind?

Wichtig ist an dieser Stelle der Hinweis, dass die Bearbeitung der Fragestellungen zur Inklusion nur ein erster Schritt zur Implementation dieses anspruchsvollen Konzeptes sein kann. Die weitere Arbeit könnte sich auf den bereits zitierten »Index für Inklusion« stützen (Montag Stiftung 2012), der auf Tony Booth und Mel Ainscow zurückgeht und von Ines Boban und Andreas Hinz für den deutschsprachigen Raum adaptiert worden ist. Die Autoren schlagen die folgenden drei Dimensionen vor, die bei der Umsetzung der Inklusion handlungsleitend sein sollten: Dimension A »Inklusive Kulturen schaffen«; Dimension B »Inklusive Strukturen etablieren« und Dimension C »Inklusive Praktiken entwickeln« (ebd., S. 4). Wollte man die aktivierende Methode des World-Cafés weiter für die Einführung der Inklusion nutzbar machen, so wäre es gut denkbar, drei Fragestellungen bzw. Durchgänge zu diesen drei Dimensionen zu entwickeln.

6. Methoden der Teamentwicklung

Die in diesem Kapitel vorgestellten Methoden haben so gut wie alle den Praxistest bestanden – in meiner eigenen Beratungstätigkeit oder in der Arbeit von Kolleginnen und Kollegen. Sie können also durchaus eins zu eins übernommen werden. Doch sicher werden sich viele Teams, die mit diesem Buch arbeiten, an dem bewährten Prinzip des »Maßschneiderns« orientieren, das aus der Organisationsentwicklung bekannt ist. In diesem Sinne habe ich überhaupt nichts gegen die Steinbruchmethode, nach der man sich einzelne Steine aus dem Band nimmt und sie so bearbeitet, dass sie zur jeweiligen Gruppensituation und zu den mentalen Modellen der Teammitglieder passen. Aber bitte nicht vergessen: Wenn dann noch der hiesige Fundort des Steinbruchs genannt wird, wäre das doch zu aller Zufriedenheit!

Methoden des Einstiegs

Wird ein Team neu gebildet oder zusammengestellt, ist es wichtig zu klären, wie eine effiziente Zusammenarbeit erreicht werden kann. Ich möchte insgesamt sieben Methoden vorstellen, die zu Beginn einer Gruppensituation eingesetzt werden können.

Teamklausur

Wenn eine neu zusammengestellte Arbeitsgruppe erste Ideen für eine gelungene Kooperation entwickeln möchte, bietet sich dafür eine Klausursitzung mit ausreichend Zeit an (circa zwei bis drei Stunden). Nach Gerhard Comelli (2003, S. 173) können mit dieser Teamklausur folgende vier Ziele verfolgt werden:

- → Schaffung erster Grundlagen für den Teamzusammenhalt
- → Aufbau von Vertrauen und Akzeptanz
- → Klärung der möglichen Rollen in der Gruppe
- → Erarbeitung erster Spielregeln und Arbeitsnormen für die zukünftige Kooperation

In dieser Gruppenklausur könnte als sinnvolles Arbeitsinstrument der folgende Leitfaden eingesetzt werden, der passende Fragen für den Beginn einer Zusammenarbeit enthält.

Leitfaden: Teamarbeit starten

Einen guten Einstieg für ein neu gebildetes Team, der stärker auf die aufgabenbezogene Reflexivität abhebt, bietet der folgende Leitfaden. Er basiert auf einer Vorlage von Mayrshofer und Kröger (2001, S. 160), die ich modifiziert und erweitert habe. Folgende Fragen sind dabei zu klären:

> → Wer hat welche Ziele und Erwartungen?
> → Wie sehr stehen die Einzelnen hinter dem gemeinsamen Ziel?
> → Wie gut passen Teamziele und persönliche Ziele zusammen?
> → Wie wollen wir in diesem Team zusammenarbeiten?
> → Wer hat welche Rolle und welche Funktion in diesem Team?
> → Wie klären wir Konflikte, und wie kommen wir zu Entscheidungen?
> → Wie verbindlich sind die Verabredungen in diesem Team?
> → Wie gestalten wir den Informationsfluss in diesem Team?
> → Wie vertreten wir die Projektinteressen nach außen?
> → Wie organisieren wir unseren eigenen Lernprozess als Team?
> → Wie gestalten wir eine regelmäßige Selbstreflexion über unsere Zusammenarbeit? (Team-Feedback)

Übung: Erfahrungen in Herkunftsgruppen

Diese Übung geht zurück auf Ideen von Gerhard Krejci (2010, S. 10) und Bernard Nijstad (2009, S. 18), die ich in dieser Einstiegsmethode zusammenführe. Sie verbindet die persönliche Vorstellung der Gruppenmitglieder und ihrer Teamerfahrungen mit der Diskussion von Erfolgsfaktoren für Teamarbeit. Die Arbeitsaufträge lauten wie folgt:

> → Listen Sie bitte drei der wichtigsten Herkunftsgruppen auf, die Sie geprägt haben bzw. noch prägen.
> → Sicherlich unterscheiden sich die Teams in Bezug auf ihre Atmosphäre und Effektivität. Versuchen Sie, die Unterschiede Ihrer Herkunftsgruppen zu beschreiben: Woran lag es Ihrer Meinung nach, dass ein Team seine Ziele besser erreichte als die anderen Gruppen? Mit anderen Worten: Welche Erfolgsfaktoren zeichnete das bessere Team aus?
> → Diskutieren Sie in der Arbeitsgruppe mögliche Schlussfolgerungen aus den verschiedenen Herkunftsgruppen für die künftige Zusammenarbeit in diesem Team. Es liegt nahe, Ihren Schwerpunkt auf den Transfer der zuvor genannten Erfolgsfaktoren zu legen.

Übung: Spielregeln für erfolgreiche Kommunikation

Diese Übung stammt von Karl-Oswald Bauer (2004, S. 13) und besteht aus zwölf vorformulierten Aussagen, die den einzelnen Gruppenmitgliedern zur Bewertung vorgelegt werden. Abgefragt wird dabei der Grad der Regelerfüllung im jeweiligen Team. Ich habe diese Übung leicht modifiziert. Vor dem Hintergrund der Ergebnisse, die auf einem Poster oder per Beamer visualisiert werden, entscheidet das Team, welche Regeln künftig stärker und welche weniger beachtet werden sollten. Selbstverständlich können auch neue Regeln hinzukommen. Zu beachten ist allerdings, dass nicht zu viele Regeln hinzukommen.

	Regel	sehr wichtig					unwichtig
1	Der Einzelne spricht per »ich«, nicht per »wir« oder »man«.	○	○	○	○	○	○
2	Fragen werden dadurch eingeleitet, dass der Einzelne sagt, was sie für ihn bedeuten.	○	○	○	○	○	○
3	Jeder spricht oder schweigt, wann er möchte.	○	○	○	○	○	○
4	Die Mitglieder der Gruppe sprechen von ihren persönlichen Empfindungen und Meinungen; sie halten sich mit Interpretationen zurück.	○	○	○	○	○	○
5	Verallgemeinerungen werden sparsam verwendet.	○	○	○	○	○	○
6	Die Regeln für ein gutes Feedback werden befolgt.	○	○	○	○	○	○
7	Seitengespräche haben meist gute Gründe, also werden sie toleriert.	○	○	○	○	○	○
8	Während der Kommunikation in der Gesamtgruppe redet nur einer.	○	○	○	○	○	○
9	Diskussionen werden lösungs- und zukunftsorientiert geführt.	○	○	○	○	○	○
10	Beschlüsse werden kontrolliert.	○	○	○	○	○	○
11	Was gut gelaufen ist, wird offen als Erfolg bewertet.	○	○	○	○	○	○
12	Das Team beschäftigt sich mit Aufgaben, die es lösen kann; es verzichtet auf folgenlose Klagen.	○	○	○	○	○	○

Abbildung 21: Spielregeln für erfolgreiche Kommunikation

Übung: Traumteam-Erfahrung

Diese Übung – fast schon so etwas wie ein Klassiker des Einstiegs – geht auf eine Visionsübung aus den fünf Disziplinen einer lernenden Organisation zurück (Senge u. a. 1996, S. 394 f.). Ich habe sie mehrfach modifiziert. Sie kann von einer Gruppe bei der Erarbeitung von Spielregeln und Arbeitsnormen genutzt werden und hat den großen Vorteil, dass sich – neben der Entwicklung von Spielregeln – die Teammitglieder en passant auch persönlich kennenlernen, indem sie aus ihrer Vergangenheit berichten.

Was war Ihre Traumteam-Erfahrung?
Jedes Gruppenmitglied schildert seine Traumteam-Erfahrung, das heißt eine sehr positive Erfahrung in einem Team, sozusagen ein Gipfelerlebnis mit einer Gruppe. Dabei kann es sich um alle denkbaren Gruppenkonstellationen handeln: eine Lerngruppe im Studium, einen Literaturkreis, eine Sportmannschaft, eine Musikgruppe, eine Bürgerinitiative, ein Schulleitungsteam oder ein Aufbauteam für eine neue Schule.

Was war das Besondere an dieser Gruppe?
In den Schilderungen der Teammitglieder sollte dann hervorgehoben werden, was das Besondere an dem jeweiligen Team war. Beispiele: »Wir hatten ein gemeinsames Ziel«; »Es war wie eine schöne Sommerromanze«; »Wir hatten einen gemeinsamen Gegner« oder »Wir verstanden uns blind«. Mit anderen Worten sollte jeder Merkmale und Kriterien benennen, die dieses Traumteam auszeichneten.

Was sind übereinstimmende Team-Merkmale?
Die Arbeitsgruppe sollte dann – vor dem Hintergrund der individuellen Traumteam-Darstellungen – eine Liste erstellen, die die wichtigsten übereinstimmenden Merkmale zusammenfasst.

Welche Merkmale sollten unser Team auszeichnen?
Inspiriert von den obigen Merkmalen erarbeitet die Gruppe nunmehr spezifische eigene Regeln für die künftige Zusammenarbeit. Dabei können durchaus Merkmale der Traumgruppen übernommen, aber auch neue Spielregeln entwickelt werden. Dass schulische Arbeitsgruppen nicht immer Traumteams sind, dies aber mitunter werden können, liegt dabei auf der Hand.

Übung »Teamwappen«: Meine Erfahrungen mit Teamarbeit

Diese Übung verbindet positive und negative Erfahrungen in Gruppen, thematisiert aber darüber hinaus die Rollen des Moderators und der Gruppenmitglieder. Sie stammt ursprünglich von Koch und Köberlein von der bayrischen Akademie für Lehrerfortbildung und Personalführung (ALP) in Dillingen.

Reflektieren Sie Ihre Erfahrungen mit Teamarbeit und notieren Sie stichpunktartig in den jeweiligen Feldern des Wappens:
- Welche positiven Erfahrungen mit Teamarbeit habe ich gemacht? (links oben)
- Welche negativen Erfahrungen mit Teamarbeit habe ich gemacht? (rechts oben)
- Was verlangt gute Teamarbeit vom Moderator? (links Mitte)
- Was verlangt gute Gruppenarbeit von den Teammitgliedern? (rechts Mitte)
- Warum ist Teamarbeit wichtig? (unten)

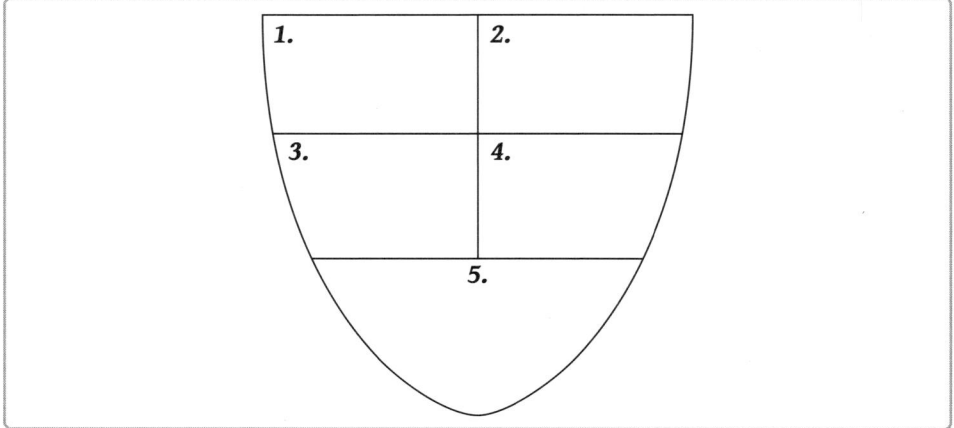

Abbildung 22: Übung »Teamwappen«

Übung: Einstieg in eine Teamentwicklungswerkstatt

Aus einem Studienbrief der Universität Kaiserslautern zum Thema »Teamentwicklung und Teamkooperation« stammt die folgende Einstiegssequenz von Wilfried Schley (2001), die auch den Spaßfaktor nicht zu kurz kommen lässt. Ich gebe Schleys ansprechendes Arbeitspapier hier eins zu eins wieder:

»Eine Gruppe in einem Teamentwicklungsworkshop bekommt die Buchstaben

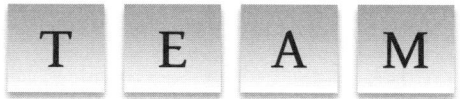

an eine Pinnwand gehängt mit der Aufforderung, Assoziationen zu äußern. Als erstes kommt ›Toll, ein anderer macht's‹: Lachen. Erheiterung. Ja, so ist das mit der Teamarbeit, Diskrepanz zwischen Anspruch und Wirklichkeit.

Die nächste Aufgabe lautet, die Buchstaben neu zu gruppieren und jeweils neue Begriffe zu bilden.

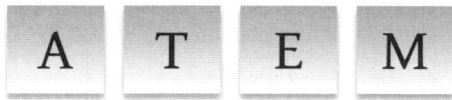

Ein Team benötigt Atem, langen Atem, wenn möglich. Das Team soll einen nicht bedrängen, einem nicht die Luft nehmen. Und andererseits braucht es Zeit zur Entwicklung, ein Team bildet sich nicht von heute auf morgen.

Im Team muss ich über die Erfahrungen reden können, die mich bewegen: Reflektieren, was läuft, ansprechen, was mir auffällt, sich bewusst machen, was abgelaufen ist. Meta-Kommunikation als Qualität der Entwicklung im Team wird als nächstes erkannt und benannt.

Ein erfrischendes, belebendes Getränk. Im Team sollte Gelegenheit zum Austausch gegeben sein. Ein wohltuendes Element, das die Kräfte aufbaut, dem Körper etwas zuführt und so den Geist und den Leib stärkt und erfrischt.

Diese Assoziationen gehen weiter, die Vorschläge werden humorvoll gemacht; **MEAT** kommt auch vor, auch **T(h)EMA** mit eigenwilliger Rechtschreibung. Ja, im Teambegriff ist vieles enthalten. Er ist vielschichtig, mannigfaltig und erschließt sich erst im näheren Begreifen« (Schley 2001, S. 1).

Methoden der Bestandsaufnahme

Hierzu stelle ich insgesamt neun Methoden vor, die verschiedene Zugänge zu einer Bestandsaufnahme (bzw. teilweise einer tiefergehenden Diagnose) in dem jeweiligen Team ermöglichen.

Koordinatensystem: »Was sind wir für ein Team?«

Eine relativ einfache Methode für eine Bestandsaufnahme der Gruppenaktivitäten liegt mit dem von mir entwickelten Koordinatensystem »Was sind wir für ein Team?« vor, das die beiden Hauptkategorien der oben referierten Gruppenreflexivitätstheorie berücksichtigt. Diese nunmehr bekannte Unterscheidung zwischen der Aufgaben- und Beziehungsorientierung liegt der unten abgebildeten »Portfolio-Matrix« zugrunde.

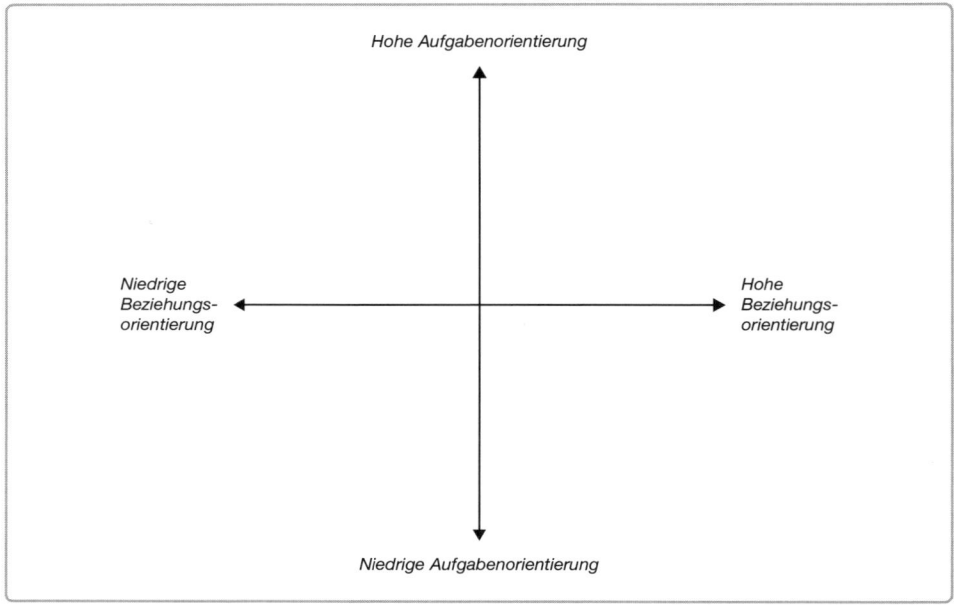

Abbildung 23: Koordinatensystem zur Aufgaben- und Beziehungsorientierung

Arbeitsauftrag
Markieren Sie bitte individuell in dem jeweiligen Quadranten, wie Sie Ihr Team sehen. Übertragen Sie dann die individuellen Einschätzungen (z.B. mit Klebepunkten) auf ein entsprechendes DIN-A1-Papier (Flipchart-Format). Diskutieren Sie die unterschiedlichen Einschätzungen in der Gruppe und was sie bedeuten. Was heißt es beispielsweise, wenn in einem Team mit acht Personen in den vier Quadranten jeweils zwei Nennungen auftreten? Wie kommen diese sehr heterogenen Wahrnehmungen zustande? Reden wir hier überhaupt über die gleiche Gruppe?

Die Verortung des Teams ist ein relativ allgemeines Ergebnis: Die Gruppenmitglieder erkennen sehr schnell, in welchem Quadranten die einzelnen Mitglieder den Schwerpunkt setzen. Vor diesem Hintergrund können dann Maßnahmen der Teamentwicklung beschlossen werden, die dazu führen, dass die Teamarbeit in Richtung des Quadranten rechts oben optimiert wird. Die hiermit vorliegende, recht »globale«

Gruppeneinschätzung lässt sich sehr gut koppeln mit dem Einsatz des differenzierten Teamdiagnose-Bogens, der weiter oben beispielhaft beschrieben wurde. Es ist aber auch gut möglich, diese Bestandsaufnahme mit einem der nun folgenden Instrumente zu vertiefen.

Checkliste: Zwölf Erfolgsfaktoren

Die bereits referierten Erfolgsfaktoren der Gruppenentwicklung können auch als Methode der Bestandsaufnahme eingesetzt werden. Als Checkliste können die Teammitglieder die zwölf Kriterien durchgehen und auf einer sechsstufigen Skala bewerten, ob der jeweilige Faktor in der Gruppe vorhanden oder nicht vorhanden ist.

		vorhanden					nicht vorhanden
1	Unterstützender Beziehungsrahmen	○	○	○	○	○	○
2	Zielklarheit	○	○	○	○	○	○
3	Aufgaben- und Rollenverteilung	○	○	○	○	○	○
4	Kommunikation: Feedback	○	○	○	○	○	○
5	Leitung	○	○	○	○	○	○
6	Autonomie und Rahmensetzung	○	○	○	○	○	○
7	Sitzungsmanagement	○	○	○	○	○	○
8	Unterstützung	○	○	○	○	○	○
9	Erfolgserlebnisse	○	○	○	○	○	○
10	Handlungskonsequenzen	○	○	○	○	○	○
11	Balance: Aufgaben- und Beziehungsorientierung	○	○	○	○	○	○
12	Regelmäßiges Team-Feedback	○	○	○	○	○	○

Abbildung 24: Checkliste zwölf Erfolgsfaktoren

Leitfaden Team-Arbeits-Prozess

Dieser Leitfaden, der beispielsweise als Checkliste für eine Gruppendiskussion im Team genutzt werden kann, stammt von Wilfried Schley (1998, S. 136). Versehen mit Erläuterungen und unter Einarbeitung der neun Teamrollen von Belbin helfen sechs Fragestellungen, die Besprechung für die Bestandsaufnahme des Team-Arbeits-Prozesses zu strukturieren:

Haben wir klare Ziele vereinbart?
- Woran erkennen wir, dass wir dem Ziel näher kommen?
- Weiß jeder, was sein konkreter Part zur Zielerreichung ist?

Verwenden wir teamfreundliche Methoden?
- moderative Gestaltung unserer Besprechungen
- kooperative Entscheidungsfindung
- kollegiales Teamcoaching

Berücksichtigen wir die unterschiedlichen Stärken der Gruppenmitglieder?
- Strategin/Stratege
- Ideengeber/in
- Aktivierer/in
- Gestalter/in
- Moderator/in
- Teamworker
- Qualitätssicherer/in
- Systematiker/in
- Zuverlässige

Vermeiden wir teamhemmendes Verhalten?
- aggressives Verhalten
- blockieren
- rivalisieren
- unterbrechen
- Zeitdiebstahl
- Clownerie
- sich innerlich zurückziehen

Unterstützen wir teamförderndes Verhalten?
- Meinungen erkunden
- aktiv und empathisch zuhören
- Gemeinsamkeiten betonen
- zusammenfassen

- ermutigen
- Wertschätzung zeigen
- Unterstützung zeigen
- vermitteln

Wird Teamarbeit von der Schulleitung gewünscht?
- Anerkennung von Teamleistungen
- positives Feedback
- Delegation von Verantwortung
- fehlerfreundliche Lernkultur (nach Schley 1998, S. 136)

Übung: Vielfältige Perspektiven in multiprofessionellen Teams

Diese Übung nimmt den aus der systemischen Arbeit bekannten Ansatz des persönlichen Perspektivwechsels ernst und setzt ihn konsequent ein, indem die einzelnen Gruppenmitglieder sozusagen gezwungen werden, sich in die Situation oder Rolle einer anderen Person zu versetzen. Vorbild war die Übung »Vielfältige Perspektiven«, die von Peter Senge und seiner Forschungsgruppe formuliert (Senge u. a. 1996, S. 316 ff.) und von mir an das (multiprofessionelle) Schulfeld angepasst wurde. Dahinter steht die folgende Feststellung: »Je vielfältiger die Perspektiven sind, aus denen ein Team ein Problem betrachtet, desto mehr effektive Handlungsmöglichkeiten ergeben sich« (ebd., S. 316). Darüber hinaus ist der für die multiprofessionelle Teamarbeit wichtige Aspekt des wechselseitigen Verständnisses durch die Übernahme der anderen Perspektiven gegeben. Die Übung beinhaltet die folgenden drei Hauptschritte:

Schritt 1: Das Design des Rades
Fertigen Sie eine runde Scheibe von etwa 50 cm Durchmesser aus Packpapier an, das man beschriften kann. Legen Sie dieses Rad in die Mitte des Gruppentisches. Benennen Sie Ihr Thema oder Problem und tragen Sie diese Bezeichnung in die Kreismitte ein (siehe Abbildung 25). Unterteilen Sie das Rad dann in mehrere Tortenstücke, welche die Namen der Gruppenmitglieder tragen.

Beschriften Sie des Weiteren einzelne DIN-A5-Karten mit den Namen oder Bezeichnungen wichtiger Schlüsselpersonen oder -einrichtungen, die an dem betreffenden Thema oder Problem beteiligt sind. Hier kann zwischen internen Personen (beispielsweise Schulleiterin, Hausmeister) und externen Einrichtungen oder Personen (beispielsweise Schulamt, Schulträger) unterschieden werden. Verteilen Sie diese Karten um den äußeren Rand des Rades, bis es in ungefähr so wie in Abbildung 25 aussieht, die als Problem eine Anforderung an inklusive Schulen darstellt: »Strukturen und Praktiken müssen allen bekannt sein«. Die Aussage stammt aus dem bereits zitierten »Index für Inklusion« (Montag Stiftung 2012).

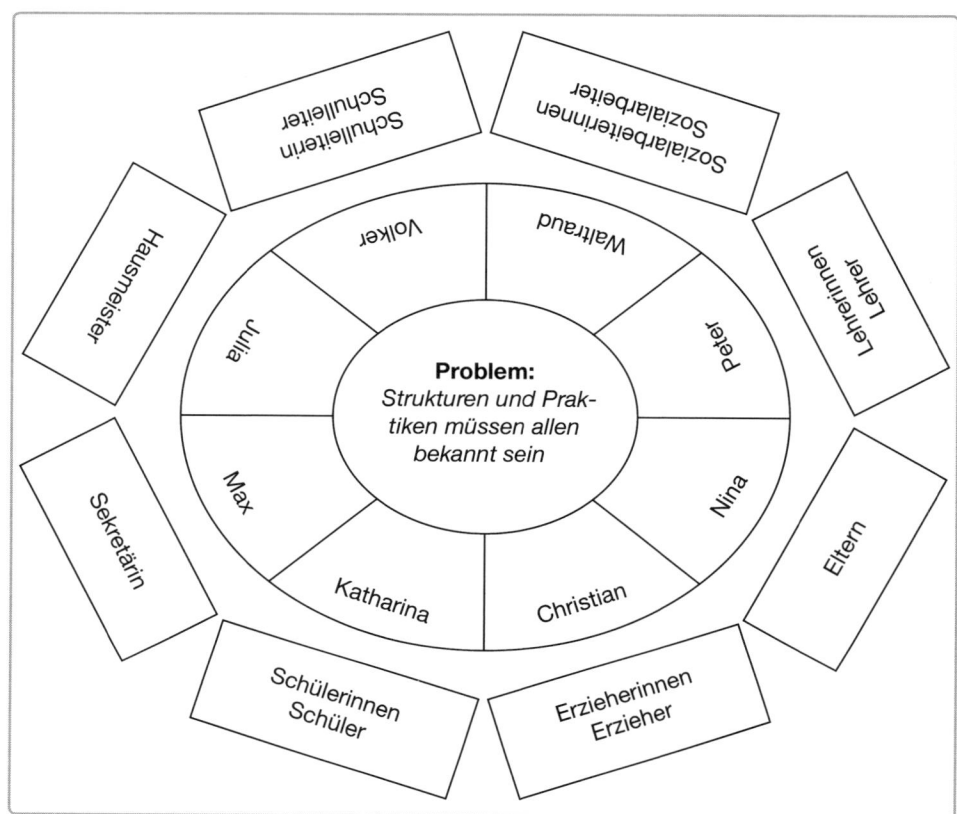

Abbildung 25: Vielfältige Perspektiven

Schritt 2: Das Rad drehen

Wenn das Rad um eine Spalte (oder Tortenstück) weitergedreht wird, trifft der Name jedes Gruppenmitgliedes auf den Namen eines Interessenvertreters. Bei jeder Drehung des Rades (man könnte die Karten auch herumreichen) müssen die Teammitglieder einen Beitrag zum Verständnis der Perspektive leisten, zu der sie sich sozusagen weiterbewegt haben. Das bedeutet, dass die jeweiligen Teammitglieder sich in die »zugewiesene« Rolle begeben. Dies sollte dann auch sprachlich in der ersten Person ausgedrückt werden. So landet Katharinas Name bei der Schulleiterin: »Aus meiner Sicht als Schulleiterin, die ich das Wohl der gesamten Schule im Blick habe, versuche ich, Strukturen so transparent wie möglich zu machen.« Die nächste Karte, die Katharinas Feld trifft, sind die Eltern, deren Perspektive sie nunmehr einnehmen muss: »Natürlich sind wir als Eltern daran interessiert, über alle Strukturen informiert zu werden.«

Wichtig ist bei diesem zweiten Schritt: »Alle Kommentare sollten so formuliert werden, als ob man selbst die Person wäre, deren Karte man bekommen hat. Man darf nicht passen« (Senge u.a. 1996, S.317). Sollte es dennoch einmal schwerfallen, den

Perspektiv- und Rollenwechsel zu vollziehen, so schlägt die Gruppe um Peter Senge vier Aspekte mit entsprechenden Fragestellungen vor (ebd., S. 318). Mit Blick auf die jeweilige Person oder Einrichtung sind dies:

> → Zeit: Wie sieht mein Zeitrahmen aus? Wann habe ich das Thema/Problem zum ersten Mal wahrgenommen? Bis wann könnte ich zu einer Lösung kommen?
> → Erwartung: Mit welcher Entwicklung rechne ich, wenn alles so läuft wie erwartet? Wer erwartet von mir, dass ich mich mit dieser Sache auseinandersetze?
> → Untersuchung: Wie genau will ich mich mit dem Thema/Problem beschäftigen? Welche Elemente umfasst meine Sichtweise auf das Thema/Problem?
> → Verständnis: Welche Aspekte des Themas/Problems nimmt außer mir niemand wahr? Welches Verständnis des Themas/Problems beherrscht meine Sichtweise?

Es bietet sich für jede Schlüsselperson an, deren Name auf einer der DIN-A5-Karten steht, eine Spalte auf dem vorbereiteten Flipchart zu reservieren. Darauf werden die unterschiedlichen Kommentare der Gruppenmitglieder zu ihren jeweiligen Rollen festgehalten (dies ginge selbstverständlich auch per Laptop, Beamer oder Projektionsfläche). Dadurch gehen wichtige Einschätzungen nicht verloren.

Schritt 3: Die Arbeit mit den unterschiedlichen Perspektiven

Wenn alle DIN-A5-Karten die Runde gemacht haben und jedes Teammitglied die Gelegenheit hatte, die unterschiedlichen, für das Ausgangsthema wichtigen Perspektiven einzunehmen, beginnt die Auswertungsarbeit. Dabei sind hauptsächlich zwei Fragen von Interesse: Inwieweit konnten die auf dem Flipchart (oder der Projektionsfläche) stehenden »vielfältigen Perspektiven« das Problemverständnis in der Gruppe signifikant erweitern? Und zweitens: Ist das Team mithilfe dieser Vorgehensweise der Problemlösung deutlich näher gerückt? So kann es zum Beispiel drei verschiedene Blickwinkel der Schulleiterin auf das Ausgangsproblem geben, je nachdem mit welchen Brillen sie das Thema betrachtet.

Übung: Rollen in einer Schiffsmannschaft

Eine weitere Methode der Bestandsaufnahme, die stärker auf die Rollenverteilung im Team abhebt, ist die folgende Übung mit Spaßfaktor, die auf eine Idee von Juliane Sagebiel und Edda Vanhoefer (2006, S. 35 f.) zurückgeht und von mir modifiziert wurde. Sie funktioniert folgendermaßen:

> → Stellen Sie sich vor, Ihr Team sei eine Schiffsmannschaft. Bekanntlich gibt es auf einem Schiff – je nach Größe und Funktion – eine Fülle unterschiedlicher Rollen: Kapitän, Steuermann, Offizier, Servicepersonal, Koch, Musiker, Schiffsarzt, Matrosen etc.

- → Jeder Einzelne in der Gruppe möge für sich überlegen: Angenommen, unser Team wäre eine solche Schiffsmannschaft: Welche Rolle(n) hätte ich? Diese Rolle(n) – es können durchaus mehrere sein – schreibt das einzelne Gruppenmitglied auf eine Moderationskarte.
- → Gemeinsam werden die Karten im Team aufgedeckt und gelesen.
- → Gemeinsam wird sodann diskutiert und fantasiert, was für eine Art Schiff dies wohl sei, wie funktionstüchtig es sei (zum Beispiel mit drei Kapitänen, vier Offizieren und einem Matrosen).
- → Jedes Teammitglied hat nun die Möglichkeit zu erklären, was es unter der jeweiligen Rollenbeschreibung versteht und wie sich dies in anderen, sozusagen »echten« Situationen in der Gruppe gezeigt hat.
- → Hieran schließt sich ein ausführlicher Diskussions- und Feedbackprozess an; ein reger Austausch über die Selbst- und Fremdwahrnehmung mit folgenden Zielen:
  - → Erkenntnisse über die eigenen Verhaltensmuster zu gewinnen;
  - → gedankliche Variationen dazu herauszuarbeiten;
  - → typische Muster im Gruppengeschehen zu identifizieren;
  - → Alternativen zu finden und so ungenutzte Potenziale im Team zu erschließen.

Fragebogen: Problemlösungsinventar für Teams

Aus dem Methodenklassiker für Teamarbeit »Mehr Erfolg im Team« der englischen Gruppenforscher Dave Francis und Don Young (1989, S. 242 f.) stammt der folgende, von mir leicht überarbeitete Fragebogen mit zehn Aussagen:

Bitte beurteilen Sie die letzte Besprechung Ihrer Gruppe. Markieren Sie die jeweilige Abstufung, die der Situation am ehesten entspricht.

1	keine Systematik, mangelhafte Führung	○○○○○○	methodisch; gute Führung
2	Ziele nicht definiert	○○○○○○	klare Ziele, mit denen alle einverstanden sind
3	Organisation nicht auf die Aufgabe abgestimmt	○○○○○○	Organisation flexibel und der Aufgabe angepasst
4	keine Erfolgskriterien vorhanden	○○○○○○	klare Erfolgskriterien aufgestellt
5	Informationen zu wenig berücksichtigt	○○○○○○	Informationen genau analysiert
6	oberflächliche Planung	○○○○○○	gründliche, sinnvolle Vorbereitung
7	Maßnahmen erfolglos	○○○○○○	Maßnahmen wirkungsvoll und adäquat
8	kein Versuch, aus den Fehlern zu lernen	○○○○○○	eingehende Kritik, um aus den Fehlern zu lernen
9	Zeit vertrödelt	○○○○○○	Zeit gut genützt
10	Teilnehmer desinteressiert	○○○○○○	jeder hat konstruktiven Anteil

Abbildung 26: Problemlösungsinventar für Teams

Fragebogen zum Teamstatus

Ebenfalls aus dem soeben zitierten Methodenklassiker (Francis/Young 1989, S. 49 ff.) stammen Einzelaussagen des folgenden Bogens, die Wilfried Schley (1998, S. 131) aus einem sehr viel umfassenderen Instrument (»Fragebogen zum Team-Aufbau« mit 108 Statements!) zusammengestellt hat. Um den gegenwärtigen Status einer Gruppe zu bestimmen, kann man sich dieses sehr übersichtlichen Instrumentes bedienen:

Unten finden Sie eine Reihe von wichtigen Merkmalen, die aussagen, warum Gruppen ihr Potenzial nicht optimal ausschöpfen.
Bitte markieren Sie auf den entsprechenden Skalen, wie genau die jeweilige Aussage für die Zusammenarbeit in Ihrem Team zutrifft.

stimmt ganz genau ··· *stimmt überhaupt nicht*

1. Gruppenleiter und Gruppenmitglieder nehmen sich kaum einmal Zeit, einander ihre Erwartungen und Wünsche mitzuteilen.
2. Einige Gruppenmitglieder werden mit den laufenden Anforderungen ihrer Arbeit nicht mehr fertig.
3. In den Sitzungen vermisst man oft methodisches Vorgehen.
4. Die Leute in dieser Gruppe verhalten sich nicht wirklich frei und offen zueinander.
5. Die Ziele unserer Gruppe sind nicht richtig klar.
6. Wichtige Dinge werden oft unter den Teppich gekehrt.
7. Die Gruppe lernt nicht aus ihren Fehlern.
8. Meistens werden Konflikte zwischen den Mitgliedern nicht sauber gelöst.
9. Kritisierte Gruppenmitglieder haben oft das Gefühl, ihr Gesicht zu verlieren.
10. Oft halten wir uns nicht an die Entscheidungen, die wir getroffen haben.
11. Die Gruppe bringt nur wenig gute Ideen hervor.
12. Wir nehmen uns kaum einmal Zeit, um über Aufgabenbereiche, Arbeitsmethoden und Verbesserungsvorschläge zu sprechen.
13. Einzelne Mitglieder sind für Arbeiten verantwortlich, die nicht ihren inneren Stärken und Motiven entsprechen.
14. Es fehlt eine verbindende und offensiv-vorwärtsführende Teamvision.

Abbildung 27: Fragebogen zum Teamstatus

Übung: Arbeit mit den drei Kraftquellen (»Team-Dreieck«)

Die weiter oben beschriebenen drei Kraftquellen der Teamentwicklung können von einer Arbeitsgruppe auch als Methode der Bestandsaufnahme genutzt werden. Dazu sollten diese Kraftquellen mithilfe des Team-Dreiecks auf einem Flipchart oder per Laptop und Beamer in Erinnerung gerufen bzw. kurz vorgestellt werden (siehe Abbildung 28):

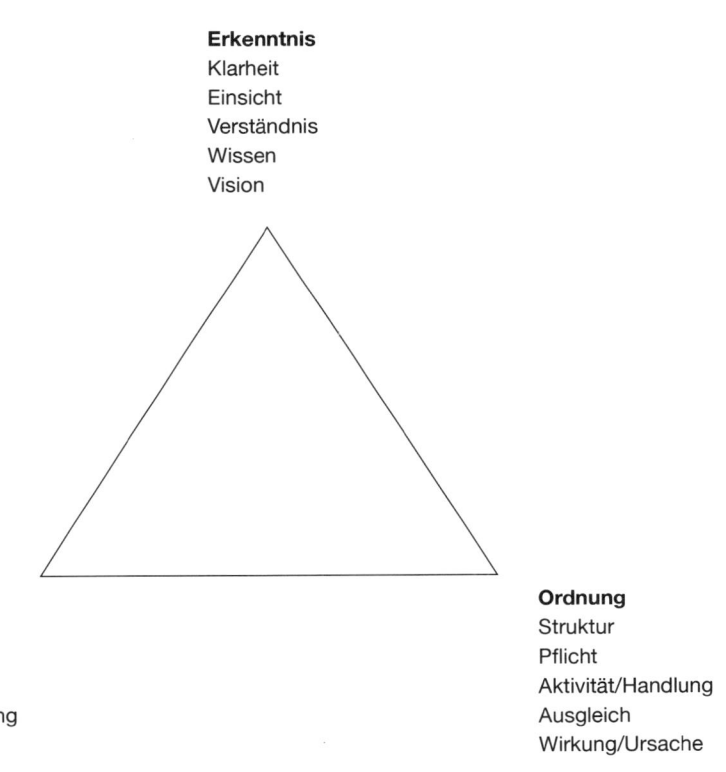

Abbildung 28: Drei Kraftquellen eines Teams

Sodann könnten in einem ersten Durchgang die nachfolgenden vier Fragen (in Anlehnung an Buchinger/Schober 2006, S. 83) in Form einer Gruppendiskussion besprochen werden:

> → Welche Kraftquelle hat derzeit für unsere Arbeit eine zu hohe oder zu geringe Bedeutung? Wie zeigt sich das?
> → Welche Auswirkungen hat dieses Ungleichgewicht auf unsere Ziele, Inhalte und die Kooperationsqualität?

> → Was ist für uns jetzt eher möglich, und was wird dadurch eher schwieriger? Brauchen wir jetzt schon einen Ausgleich oder ein Gegengewicht? Oder ist dieses Ungleichgewicht der drei Quellen im Moment von Nutzen?
> → Welche Schlussfolgerungen ergeben sich aus dieser Bestandsaufnahme?

Diese vier Leitfragen eröffnen einen ersten Zugang zur Weiterentwicklung des jeweiligen Teams. Buchinger und Schober (2006, S. 83 f.) beschreiben darüber hinaus zwei weitere, eher kreativ-experimentelle Zugänge zur Arbeit mit den drei Quellen, die ihrer Meinung nach als »weites methodisches Spektrum zur Unterstützung gelingender Selbstorganisation« zu verstehen sind:

> → Die drei Quellen können »energetisch aufgeladen werden« (ebd., S. 83), indem sie durch Symbole, Metaphern und Zeichnungen sinnlich präsentiert und damit hervorgehoben werden. Die Gruppenmitglieder gehen dann von Quelle zu Quelle und halten ihre Kommentare schriftlich und per Bild fest.
> → Eine Möglichkeit, die Teammitglieder stärker in die Gruppenarbeit zu involvieren, sehen die Autoren mit dem Einsatz der »Skalierungsmethode« nach Steve de Shazer (1996, zit. nach Buchinger/Schober 2006, S. 87 f.). In einem Beispiel beschreiben sie dies wie folgt: »Wenn die Quelle ›Erkenntnis‹ uns voll zur Verfügung stünde, wäre das auf der Skala 10; wenn wir sie gar nicht nutzen könnten, wäre das auf der Skala 0. Wo befinden wir uns jetzt? – Wenn ein Teilnehmer zum Beispiel ›4‹ sagt, könnte man fragen: ›Was müsste geschehen, um auf 5 zu kommen?‹ Und: ›War das Team schon einmal höher als 4?‹ Und wenn ja: ›Wie ist das gelungen?‹ Das aktiviert die vergessenen Ressourcen« (ebd., S. 84).

Strukturierungshilfe und Aktivitätenkatalog

Abschließend sei noch auf zwei Klassiker der Moderationsmethode verwiesen, die auch eine gute Möglichkeit darstellen, die Ist-Analyse eines Teams anzuleiten: die Strukturierungshilfe und der Aktivitätenkatalog bzw. Aktionsplan. Ich bin immer wieder überrascht, wie effektiv diese beiden relativ schlichten und leicht »angejahrten« Instrumente in Gruppensituationen eingesetzt werden können. Dabei gibt es so gut wie kein Thema oder Problemfeld, auf das die folgende Vierfelder-Tafel und der darauf aufbauende Ablauf von Aktivitäten nicht passen würden.

Thema / Problem:	
Ist-Zustand:	Soll-Zustand (Ziel):
Mögliche Widerstände / Schwierigkeiten:	Erste Ideen / Schritte zur Umsetzung:

Abb. 29: Strukturierungshilfe

Aktivitätenkatalog:						
Nr.	Aktivität	Wer?	Was?	Mit wem?	Bis wann?	Bemerkungen
1.						
2.						
3.						
4.						

Abb. 30: Aktivitätenkatalog

Methoden der Prozessauswertung

Für die Auswertung von Gruppenprozessen gibt es zahlreiche Methoden und Instrumente, beispielsweise Stimmungsbarometer oder Blitzlichtabfragen. Ich möchte drei Varianten vorstellen, die es einem Team ermöglichen, mithilfe des Feedbacks die Gruppenarbeit zu verbessern.

Besprechungsblitzlicht

Die wohl einfachste Form, eine Gruppenbesprechung auszuwerten, dürfte mit der hinlänglich bekannten Blitzlichtmethode vorliegen. Vier Auswertungsfragen, die reihum und freiwillig beantwortet werden, können diese Sitzungs-»Schnappschüsse« strukturieren:

> → Was hat mir an der heutigen Teamsitzung gefallen?
> → Was hat mir gefehlt?
> → Was nehme ich aus der Besprechung mit (Eindrücke, Ergebnisse, Fragen)?
> → Was sollte bei der nächsten Sitzung verbessert werden?

Sitzungs- und Tagesauswertung

Eine weitere Möglichkeit, längere Besprechungen oder auch Klausursitzungen auszuwerten, liegt mit dem folgenden Arbeitspapier vor. Die Teilnehmer können darin insgesamt neun Satzanfänge ergänzen (überarbeitet nach Fengler 1999, S. 122).

Aufgabe: Bitte ergänzen Sie folgende Sätze

1. Mir war hilfreich, dass...

2. Es wäre wichtig gewesen, dass...

3. Ich empfand Langeweile, als...

4. Für mich war besonders interessant, dass...

5. Ich fühlte mich abgehängt, weil...

6. Mich überraschte etwas, dass...

7. Ich war enttäuscht, als...

8. Ich war froh über...

9. Was ich sonst noch sagen möchte:

Abbildung 31: Sitzungs- und Tagesauswertung

Übung: Blitzlichtsymbole

Bei dieser Vorgehensweise werden vier Symbole mit inhaltlichen Themen verbunden, die helfen, die Blitzlichtbeiträge zu strukturieren. Jedes Gruppenmitglied sollte anhand dieser vier Darstellungen seine Wahrnehmung der Teamaktivitäten wiedergeben.

Abbildung 32: Übung Blitzlichtsymbole

Schlusswort

Ein Rabbi hatte eine Unterhaltung mit Gott über den Himmel und die Hölle. ›Ich werde dir die Hölle zeigen‹, sagte Gott und führte den Rabbi in einen Raum, in dem ein großer Tisch stand. Die Menschen, die am Tisch saßen, waren ausgehungert und verzweifelt. Mitten auf dem Tisch stand eine gewaltige Kasserolle mit einem Eintopf, der so köstlich roch, dass dem Rabbi der Mund wässrig wurde. Jeder am Tisch hielt einen Löffel mit einem sehr langen Griff. Obwohl die langen Löffel gerade eben die Kasserolle erreichten, waren die Griffe länger als die Arme der potenziellen Esser: Da die Menschen die Nahrung nicht an den Mund führen konnten, konnte niemand etwas essen. Der Rabbi sah, dass ihr Leiden tatsächlich schrecklich war.

›Jetzt werde ich dir den Himmel zeigen‹, sagte der Herr, und sie begaben sich in ein anderes Zimmer, das genauso aussah wie das erste. Dort standen der gleiche, große runde Tisch und die gleiche, große Kasserolle mit Eintopf. Die Menschen hielten wie die nebenan die gleichen langstieligen Löffel – aber hier waren alle wohlgenährt und rundlich, lachten und unterhielten sich. Der Rabbi verstand gar nichts. ›Es ist einfach, erfordert aber eine gewisse Fähigkeit‹, sagte der Herr. ›In diesem Zimmer, musst du wissen, haben sie gelernt, einander zu füttern.‹

(Aus: I. D. Yalom: Die Reise mit Paula)

Literatur

Antoni, C.H.: Teamarbeit gestalten. Grundlagen, Analysen, Lösungen. Weinheim/Basel 2000.
Bauer, J.: Prinzip Menschlichkeit. Warum wir von Natur aus kooperieren. Hamburg 2006.
Bauer, K.O.: Von der Gruppe zum Team. Einstieg in Methoden der Teamentwicklung. In: Schulverwaltung Spezial, Heft 4/2004.
Belbin, R.M.: Management Teams. Why they succeed or fail. London 1981.
Bennis, W.: Menschen Führen ist wie Flöhe hüten. Frankfurt a.M./New York 1998.
Bennis, W./Biederman, P.W.: Geniale Teams. Das Geheimnis kreativer Zusammenarbeit. Frankfurt a.M./New York 1998.
Berkemeyer, N./Holtappels, H.G. (Hrsg.): Schulische Steuergruppen und Change Management. Weinheim/München 2007.
Bertelsmann Stiftung: Podium Schule, Ausgabe 14/2013.
Blöchliger, B.: Funktion und Bedeutung der Gruppe im Unternehmen. In: Kälin, K./Müri, P. (Hrsg.): Führen mit Kopf und Herz. Thun 1989.
Brown, J./Isaacs, D.: Das World Café. Kreative Zukunftsgestaltung in Organisationen und Gesellschaft. Heidelberg 2007.
Bryk, A.S./Schneider, B.: Trust in Schools. A Core Ressource for Improvement. New York 2002.
Buber, M.: Zwiesprache. Heidelberg 1978.
Buber, M.: Ich und Du. Heidelberg 1979.
Buchinger, K./Schober, H.: Das Odysseusprinzip. Leadership revisited. Stuttgart 2006.
Burow, O.A.: Ich bin gut – wir sind besser. Erfolgsmodelle kreativer Gruppen. Stuttgart 2000.
Burow, O.A.: Positive Pädagogik. Sieben Wege zu Lernfreude und Schulglück. Weinheim/Basel 2011.
Capital. Das Wirtschaftsmagazin. Heft 21/2005.
Comelli, G.: Anlässe und Ziele von Teamentwicklungsprozessen. In: Stumpf, S./Thomas, A. (Hrsg.): Teamarbeit und Teamentwicklung. Göttingen/Bern/Toronto 2003.
Die Zeit, Ausgabe Nr. 31, 2009.
Edmonson, A.C.: The Local and Variegated Nature of Learning in Organizations: A Group Level Perspective. In: Organization Science. Heft 2/2002.
Feldhoff, T.: Steuergruppen – ein Gremium zur Stärkung des Kollegiums. In: Pädagogische Führung, Heft 2/2013.
Fengler, J.: Feedback geben. Strategien und Übungen. Weinheim/Basel 1998.
Francis, D./Young, D.: Mehr Erfolg im Team. Ein Trainingsprogramm mit 46 Übungen. Hamburg 1989.
Fullan, M.: Schulentwicklung im Jahr 2000. In: Journal für Schulentwicklung, Heft 4/2000.
Fullan, M.: The New Meaning of Educational Change. London/New York 2007.
Fussangel, K.: Kooperation in der Schule: Forschung zu einem zentralen Thema der Schulentwicklung. In: Journal für Schulentwicklung, Heft 2/2013.
Gerkhardt, M./Frey, D.: Erfolgsfaktoren und psychologische Hintergründe in Veränderungsprozessen. In: Organisationsentwicklung, Heft 4/2006.
Haire, M.: Psychology in Management. New York 1956.
Hattie, J.A.C.: Visible Learning. A synthesis of over 800 meta-analyses relating to achievement. London/New York 2009.
Hinzke, J.H.: Lehrerkooperation. In: Pädagogik, Heft 1/2014.

Landwehr, N.: Grundlagen zum Aufbau einer Feedback-Kultur. Bern 2003.
Kauffeld, S.: Teamdiagnose. Göttingen/Bern/Toronto 2001.
Kauffeld, S./Grote, S.: Teamfeedback mit dem Fragebogen zur Arbeit im Team (FAT). In: Organisationsentwicklung, Heft 4/2005.
Katzenbach, J. R./Smith D. E.: Teams: Der Schlüssel zur Hochleistungsorganisation. Wien 1993.
Kearns-Goodwin, D.: Team of Rivals: The Political Genius of Abraham Lincoln. New York 2006.
Kober, U.: Herausforderung Vielfalt: Schulen brauchen praxisnahe Unterstützung. In: Pädagogische Führung, Heft 2/2013.
Königswieser, R./Exner, A.: Systemische Intervention. Architekturen und Designs für Berater und Veränderungsmanager. Stuttgart 2000.
Krejci, G. P.: Teams als Entwicklungsmotor der Unternehmenskultur. In: Organisationsentwicklung, Heft 3/2010.
Mayrshofer, D./Kröger, H.A.: Prozesskompetenz in der Projektarbeit. Ein Handbuch. Hamburg 2001.
Messmer, E./Altrichter, H.: Steuergruppen auf der Suche nach der Schulleitung. In: Journal für Schulentwicklung, Heft 4/1998.
Meyer, H.: Schulpädagogik, Band 1. Berlin 1997.
Montag Stiftung Jugend und Gesellschaft (Hrsg.): Index für Inklusion. Lernen und Teilhabe in der Schule der Vielfalt entwickeln. Bonn 2012.
Nieder, P.: Erfolg durch Vertrauen. Abschied vom Management des Misstrauens. Wiesbaden 1997.
Nijstad, B.A.: Group Performance. Hove/New York 2009.
Perrenoud, H.: Macht in Führung und Teamarbeit. In: Journal für Schulentwicklung, Heft 3/1997.
Rolff, H.G.: Wandel durch Selbstorganisation. Theoretische Grundlagen und praktische Hinweise für eine bessere Schule. Weinheim/München 1993.
Rolff, H.G.: Change Leadership. Ganzheitlich führen. In: Beruf: Schulleitung, Heft 4/2012.
Rolff, H.G.: Schulentwicklung kompakt. Modelle, Instrumente, Perspektiven. Weinheim/Basel 2013.
Rosenstiel, L. v.: Grundlagen der Organisationspsychologie. Basiswissen und Anwendungshinweise. Stuttgart 1992.
Rowold, J./Rowold, G.: Grundlagen und Anwendungen des Kollegialen Team Coachings. Münster 2006.
Rowold, G./Schley, W.: Kollegiales Team-Coaching. In: Journal für Schulentwicklung, Heft 4/1998.
Sagebiel, J./Vanhoefer, E.: Es könnte auch anders sein. Systemische Variationen der Teamberatung. Heidelberg 2006.
Scharmer, C.O.: Theorie U. Von der Zukunft her führen. Heidelberg 2009.
Scherm, M./Sarges, W.: 360°-Feedback. Göttingen/Bern/Toronto 2002.
Schley, W.: Teamkooperation und Teamentwicklung in der Schule. In: Altrichter, H. u.a. (Hrsg.): Handbuch zur Schulentwicklung. Innsbruck 1998.
Schley, W.: Teamentwicklung und Teamkooperation in der Schule. Studienbrief Fernstudium Schulmanagement der Universität Kaiserslautern. Kaiserslautern 2001.
Schley, V./Schley, W.: Handbuch Kollegiales Teamcoaching. Innsbruck 2010.
Scholz, H./Vesper, R.: Lernlandkarte Nr. 2 – World Café. Eichenzell 2010.
Schulz von Thun, F.: Wahrheit beginnt zu zweit. In: Die Zeit vom 8. September 2011.
Senge, P.: Die fünfte Disziplin. Kunst und Praxis der lernenden Organisation. Stuttgart 1996.
Senge, P. u.a.: The Dance of Change. Hamburg/Wien 2000.
Senge, P. u.a.: Das Fieldbook zur Fünften Disziplin. Stuttgart 1996.
Sennett, R.: Der flexible Mensch. Die Kultur des neuen Kapitalismus. Berlin 1998.
Shazer, S. de: Worte waren ursprünglich Zauber. Dortmund 1996.
Simon, P.: Wie sich Gruppen entwickeln. Modellvorstellungen zur Gruppenentwicklung. In: Stumpf, S./Thomas, A. (Hrsg.): Teamarbeit und Teamentwicklung. Göttingen/Bern/Toronto 2003.
Stöger, P.: Der gelungene Dialog. Ich und Du – Was wir von Martin Buber lernen können. In: Pädagogische Führung, Heft 6/2011.
Stumpf, S./Thomas, A. (Hrsg.): Teamarbeit und Teamentwicklung. Göttingen/Bern/Toronto 2003.

Stumpf, S./Thomas, A.: Einleitung. In: Stumpf, S./Thomas, A. (Hrsg.): Teamarbeit und Teamentwicklung. Göttingen/Bern/Toronto 2003.
Stumpf, S. u.a.: Gruppenreflexivität als Determinante der Effektivität und Weiterentwicklung von Arbeitsgruppen. In: Stumpf, S./Thomas, A. (Hrsg.): Teamarbeit und Teamentwicklung. Göttingen/Bern/Toronto 2003.
Tjosvold, D.: Team organization. An enduring competitive advantage. Chichester 1991.
Tomasello, M.: Das Tier, das »Wir« sagt. In: Die Zeit vom 8. April 2009.
Wagner, T./Kegan, R.: Change Leadership. A Practical Guide to Transforming Our Schools. San Francisco 2006.
West, M.A.: Effective Teamwork. Leicester 1994.
West, M.A. (ed.): Handbook of Workgroup Psychology. Chichester 1996.
Yalom, I. D.: Die Reise mit Paula. München 2000.

Internetlinks

www.netzwerk-schulentwicklung.de
www.dapf.tu-dortmund.de

Anhang

Den folgenden Fragebogen hat das Bildungsbüro der Stadt Dortmund entwickelt.

1 Aufgaben der Steuergruppe

Prozesse initiieren und koordinieren ○
gemeinsame Ziele setzen ○
Impulse geben ○
Projektgruppen einrichten ○
für Transparenz sorgen ○
informieren und dokumentieren ○
Evaluation durchführen ○

2 Die Steuergruppe hat Prozesse initiiert und koordiniert
(z.B. Projektplanung, Methodentraining)

trifft zu ○ ○ ○ ○ ○ ○ trifft nicht zu

3 Die Steuergruppe hat gemeinsame Ziele gesetzt
(z.B. Entwicklung von Trainingsspiralen / eines Curriculums)

trifft zu ○ ○ ○ ○ ○ ○ trifft nicht zu

4 Die Steuergruppe hat Impulse gegeben
(z.B. Schaffen von Freiräumen, Sammlung von Trainingsspiralen, Entwicklung eines Leitbildes)

trifft zu ○ ○ ○ ○ ○ ○ trifft nicht zu

5 Die Steuergruppe hat Projektgruppen eingerichtet
(z.B. Arbeitsgruppen, Schulprogramm, Workshop, Unterstufen, Oberstufe)

trifft zu ◯ ◯ ◯ ◯ ◯ trifft nicht zu

6 Die Steuergruppe hat für Transparenz gesorgt
(z.B. Ordner »selbstständige Schule« angelegt, offene Tür)

trifft zu ◯ ◯ ◯ ◯ ◯ trifft nicht zu

7 Die Steuergruppe hat informiert und dokumentiert
(z.B. in den Konferenzen, Schaubild Projektplanung)

trifft zu ◯ ◯ ◯ ◯ ◯ trifft nicht zu

8 Die Steuergruppe hat evaluiert
(z.B. dieser Fragebogen)

trifft zu ◯ ◯ ◯ ◯ ◯ trifft nicht zu

9 Ich bin über die Arbeit der Steuergruppe...

informiert ◯
nicht informiert ◯

10 Die Arbeit der Steuergruppe wirkt sich auf meine Arbeit aus, weil....

....
....

11 Mit der Arbeit der Steuergruppe bin ich eher zufrieden, weil...

....
....

12 Mit der Arbeit der Steuergruppe bin ich eher unzufrieden, weil...

....
....

13 Für die Zukunft wünsche ich mir...

mehr Informationen über Ziele und Entwicklungsvorhaben ○

mehr Transparenz der Arbeitsschritte ○

mehr Offenheit ○

mehr Einflussnahme ○

14 Ich kann mir eine Mitarbeit in der Steuergruppe bzw. eine Unterstützung der Arbeit vorstellen und zwar hinsichtlich...

Abbildung 33: Befragung des Kollegiums über die Arbeit der Steuergruppe

Der Klassiker zum Thema »Personalmanagement«

Claus G. Buhren/Hans-Günter Rolff
**Personalmanagement
für die Schule**
Ein Handbuch für Schulleitung
und Kollegium
2., vollständig überarbeitete Auflage
2009.
195 Seiten. Broschiert.
ISBN 978-3-407-25508-2

Personalmanagement hat an Schulen stark an Bedeutung gewonnen – durch deren verstärkte Eigenständigkeit, aber auch, weil ohne motiviertes und qualifiziertes Lehrpersonal kein erfolgreiches Arbeiten möglich ist. Dieses Handbuch zeigt, wie sich Schul- und Unterrichtsqualität durch gezieltes Personalmanagement verbessern lässt. Ausgangspunkt ist keine abgehobene Management-Theorie, sondern ein umfassendes Konzept mit bewährten Methoden für Schulleitung und Kollegium – ergänzt durch eine Vielzahl von Praxisbeispielen und methodischen Anregungen.

Aus dem Inhalt:
- Personalentwicklung und Personalmanagement – eine Begriffsklärung
- Personalentwicklung als Entwicklung professionellen Handelns
- Zielvereinbarungen
- Mitarbeitergespräche
- Coaching
- Kollegiumsentwicklung und Fortbildungsplanung
- Lehrerbeurteilung und Persönlichkeitsentwicklung
- Die Rolle der Schulleitung in der Personalentwicklung

»Das Buch liefert einen hervorragenden Überblick über die verschiedenen Möglichkeiten der Professionalisierung von Lehrer(inne)n durch Beratungs- und Beurteilungsprozesse und ordnet diese in ein Gesamtkonzept namens Personalmanagement ein.«
Pädagogik

Beltz Verlag · Weinheim und Basel · Weitere Infos: www.beltz.de

Schule entwickeln

Claus G. Buhren/Hans-Günter Rolff (Hrsg.)
Handbuch Schulentwicklung und Schulentwicklungsberatung
2012, 384 Seiten, gebunden.
ISBN 978-3-407-83176-7

Dieses Standardwerk zur pädagogischen Schulentwicklung und Schulentwicklungsberatung beruht auf langjährigen Forschungs- und Praxiserfahrungen – in der Beratung von Schulen und in der Fortbildung von Lehrer/innen, Schulleitungen, Schulaufsicht und Schulentwicklungsberater/innen. Jedes Kapitel liefert neben einer kurzen Einführung eine Vielzahl von Anregungen, Materialien, Übungen und Beispielen für die Beratungspraxis. Zudem enthält das Buch einen umfangreichen Anhang mit Instrumenten und Kopiervorlagen (auch als Download).

Aus dem Inhalt:
- Schulentwicklung und externe Beratung/Begleitung
- Steuergruppen und interne Begleitung
- Diagnostizieren, Ziele klären, Evaluieren
- Schulentwicklungskonferenzen
- Projekte in Teams planen und durchführen
- Mit Konflikten und Widerständen umgehen
- Die Rolle der Schulleitung im Schulentwicklungsprozess
- Kollegiale Fallberatung und Supervision
- Unterrichtsentwicklung als Change Management

Zielgruppe
Lehrer/innen, Schulleiter/innen, pädagogische Führungskräfte, Berater/innen, Weiterbildner, Bildungsforscher, Hochschuldozenten

Beltz Verlag · Weinheim und Basel · Weitere Infos: www.beltz.de

Schule entwickeln

Hans-Günter Rolff
Schulentwicklung kompakt
Modelle, Instrumente, Perspektiven
2013, 190 Seiten, broschiert.
ISBN 978-3-407-25697-3

- *Zum schnellen Einstieg in das Thema Schulentwicklung*
- *Aktuelle Forschungsergebnisse und Praxishilfen*
- *Von dem Pionier der Schulentwicklungsforschung*

Das Buch »Schulentwicklung kompakt« systematisiert die verschiedenen Überlegungen und Ansätze, die um den Modebegriff Schulentwicklung kreisen. Nach einem kurzen historischen Rückblick fasst der Bildungsforscher Hans-Günter Rolff die wichtigsten Aufgaben der Schulentwicklung zusammen – von der Arbeit mit Steuergruppen und Professionellen Lerngemeinschaften über Change Management bis hin zu Unterrichtsentwicklung und Evaluation. Zahlreiche Instrumente für die Praxis und ein ausführliches Sachregister runden das Buch ab.

Aus dem Inhalt:
- Was ist Schulentwicklung?
- Arbeit mit Steuergruppen
- Leitbilder, Schulprogramme und Schulprofile
- Bestandsaufnahme und Entwicklungsschwerpunkte
- Professionelle Lerngemeinschaften
- Gelingens- und Misslingensbedingungen von Schulentwicklung
- Ganzheitlichkeit statt Stückwerk – Perspektiven wirksamer Schulentwicklung

Zielgruppe
Lehrer/innen, Schulleiter/innen, pädagogische Führungskräfte, Berater/innen, Weiterbildner, Bildungsforscher, Hochschuldozenten

Beltz Verlag · Weinheim und Basel · Weitere Infos: www.beltz.de